도형심리로
'통' 하는 관계심리학

Psychology - Geometrics System

도형심리, 기질로 읽어보는 재미있는 성격이야기

도서
출판 **높은오름**

도형심리로
'통' 하는 관계심리학

오미라 지음

저자서문

CONTENTS

자기 자신을 파악하라

아무도 자신을 먼저 파악하지 않고서는 자신의 주인이 될 수 없다.

무슨 일을 하기 위해서는 자신의 능력과 분별력, 자신의 섬세함을 파악하라.

거래에 들어가기 전에 자신의 용기를 시험하라.

자신의 깊이가 어떤지 알아 모든 일을 감당할 자신의 능력이

어느 정도인지 탐지하라.

자신을 파악하고 자신의 목적을 잘 파악하라.

인생에 발을 디딜 때는 특히 그렇다.

누구나 자신을 고상하게 여긴다.

게다가 그럴 이유가 가장 적은 사람들이 특히 그렇다.

누구나 자신의 행복을 꿈꾸고 자신을 하나의 경이로운 존재로 여긴다.

그 허황된 상상은 한번 진짜 현실에 의해 깨어지면 고통의 근원이 되고 만다.

지혜로운 자는 그런 착각에 거리를 두고 인생을 살아간다.

항상 최선의 것을 희망할 수는 있다.

그러나 최악의 것도 늘 예상하라.

어떤 일이 일어나도 평정을 유지하기 위해,

화살을 맞힐 수 있도록 목표를 좀 높이 두는 것은 좋다.

그러나 너무 높게 잡아 그로 인해 자신의 인생 경력을 완전히 그르쳐서는
안 된다.

어리석음을 방지하는 최고의 만병통치약은 '통찰'이다.

누구나 자신의 능력의 한계를 알아라.

그러면 자신의 관념과 생각을 현실에 맞게 고칠 수 있을 것이다.

- 발타자르 그라시안의 〈세상을 보는 지혜〉에서 -

많은 사람들은 자신의 내면세계를 궁금해 하면서도 진정한 자신과의 만남을 두려워한다. 자기 자신에 대해 가장 잘 안다고 생각하지만 정작 자신이 어떤 특성을 가지고 있고 어떤 욕구가 있으며 어떻게 대인관계를 형성하고 의사소통을 하는지, 어떠한 이미지로 타인에게 비춰지는지 잘 알지 못한다. 바꿔 말하면 '자기 자신을 아는 지식(Self -Knowledge)'에 소홀하거나 무지하다고 할 수 있다.

커리어나 이미지 분야에서 컨설팅을 하려면 무엇보다 객관적인 검사 도구를 활용할 수 있는 능력이 필요하다. 특히 진로상담에서 심리적인 문제를 호소할 경우 정확한 진단을 위해 다양한 진단도구를 활용하게 되는데 그러한 진단도구의 한 가지로 도형에 관심을 갖게 되었고, 공부를 시작해보니 내용 자체가 흥미롭고 재미있을 뿐 아니라 '사람을 읽어내는 기술'이 필요한 분야에 종사하다 보니 훨씬 더 강한 흥미를 가지게 되었다. 본서에서는 전문가만이 할 수 있는 어렵고 복잡한 진단 도구보다는 누구나 쉽고 편리하게 간편 진단을 통하여 자신과 타인에 대한 이해를 높일 수 있는 기질과 도형심리에 대해서만 제시해 놓았다.

도형심리검사는 간단한 그림 한 장만을 가지고 인간이 가지고 있는 기질적 특성 뿐 아니라 현재 가지고 있는 갈등문제나 심리, 정서적인 문제에 대한 상담과 코칭이 가능하다는 장점을 가지고 있으며 초기 상담에서 빠른 래포형성과 상담자에 대한 긍정적인 신뢰감을 높일 수 있다는 장점을 가지고 있다.

지금까지 국내에서 전해 내려온 도형상담은 투사적그림검사만을 해석하는 수준이었으므로 성격유형을 분석하는 데에는 한계가 있었으며 내담자의 성격유형과 다르게 나타나는 경우에 대해서 올바른 피드백을 하는데 어려움이 있었다. 그러한 문제점을 보완하기 위하여 객관적 문항검사를 개발하여 성격유형진단에 사용되며 투사적그림은 현재의 심리,정서상태를 진단하는데 사용할 수 있게 되었다.(2009.오미라). 객관적문항검사결과는 자신의 타고난 선천적 기질을 나타내며 투사적검사방법으로 첫 번째 3번 선택해서 그리게 되는 도형그림은 환경이나 심리적인 변화에 따라 달라질 수 있으며 이는 현재를 중심으로 내담자의 욕구나 스트레스, 갈등상황 등을 진단하고 분석하는데 유용하다. 첫 번째 3번 선택한 도형의 내용이나 위치가 상담과정 중에 다르게 나타날 수 있으며 이런 점들을 고려하여 이동된 위치에 따라 변화되어가는 내적과정을 확인 하고 상담에 대한 목표를 구체화하거나 또는 수정해 나갈 수 있게 된다.

이처럼 지금까지 성격분석이나 심리검사진단도구에 있어서 객관적검사와 투사적검사를 혼합사용한 진단도구로서는 최초로 개발되었다는 점에서 시사하는 바가 매우 크다고 할 수 있다.

도형심리검사는 유아부터 노인에 이르기까지 폭 넓은 대상에 적용되며 글을 모르는 유아나 외국인에게도 쉽고 간단하게 진단할 수 있다는 장점이 있다. 객관적 문항검사를 통한 유형별 성격특성을 파악하여 자신과 타인에 대한 이해를 높이고 유형별 대처방법을 개발할 수 있으며 도형그림을 통한 심리,정서적인 면을 고려하여 심층적인 개인상담 및 코칭에 적

용할 수 있다. 최근에 필자는 직원채용프로그램에 출연하여 (KBS1T
V,2012.07.21 일자리119) 기업체 채용 면접에 활용될 수 있는 방법에 대
해 제시한 바 있으며 이 외에도 기업체 직원교육과 군부대에 커뮤니케이
션, 대인관계, 리더십 교육프로그램 등, 도형심리카드게임을 활용한 팀빌
딩에 이르기까지 다양하게 활용될 수 있으며 초, 중, 고 청소년 및 대학생
진로교육에 적용하여 진로탐색도구로도 활용되고 있다.

  본서에서는 필자가 연구하고 실제 현장에서 적용하면서 터득하고 얻
게 된 임상사례를 중심으로 도형심리에 대한 기본적인 이해를 높이고자
하였다. 필자가 기업체에서 개인컨설팅 약 1,600 여 회를 진행하면서
2,000여 명 이상을 대상으로 도형심리와 사상체질, MBTI를 중심도구로
사용하고 행동유형검사인 DISC와 직업흥미검사인 HOLLAND, 대인관계
유형 뿐 만 아니라 의사소통유형까지 분석하고 통합한 임상사례를 중심
으로 쓴 국내 최초의 도형심리서로서 필자의 두 번째 저서이다.

  성격검사에 있어서 한 가지 도구만을 사용할 경우 발생 할 수 있는 오
류를 최소화하고 다양한 성격검사 도구들을 교차 분석할 수 있는 검사자
의 전문적인 능력 또한 매우 중요한 사항이다. Rapaport, Gill, Schafer 등
은《Diagnostic Psychological Testing》(1946)에서 자신들의 임상경험을
근거로 각각의 개별검사 도구들이 측정하는 기능들을 구체화하고 검사
에서 얻어진 결과들을 통합하여 해석해야 한다는 사실을 강조하고 있다.
필자 역시 이점에 공감하며 첫 번째 저서《도형심리로 나를 읽는 기술 타
인을 아는 지혜》에서는 기질과 체질, 도형심리와 DISC, MBTI까지 다루
었으나 본서는 기질과 도형심리에 대해서 좀 더 깊이 있게 다루어주었으
면 하는 독자들의 요구에 의해 집필하게 되었다.

우리 자신과 타인에 대한 일률적인 진단 결과를 하나의 도식으로 고정시킨 채 정형화하기 보다는 진정한 자기 자신을 발견하기 위한 성찰의 도구로 사용되어지길 기대한다. 진정한 자기인식은 고통 속에서 찾아내고 발견해 내기 위한 자기성찰 과정으로 힘겹고 고통스러운 내적 작업을 의미한다. 더욱 중요한 것은 자신의 타고난 성격적 특성을 정확히 알고 자신의 정서적 욕구나 강·약점을 알고 난 이후에는 자신의 부족한 단점에 얽매여 의기소침해지기 보다는 장점을 강화하고 드러내며 약한 부분은 개선하고 보완해 나간다면 훨씬 더 성장할 수 있는 기회가 될 것임을 확신한다.

우리에게는 자기 자신을 변화시켜 나갈 뿐만 아니라 새롭게 재창조 해 나갈 수 있는 인간만이 가지고 있는 장점이 있다. 우리 주변에 성공하는 사람들을 살펴보면 늘 자기 자신의 발전을 위하여 스스로 '날마다' 새롭게 변화되고 성장하고자 노력하는 사람들이라는 사실을 발견하게 된다. 필자 역시 생활 가운데 일신 일일신 우일신(日新 日日新 友日新)하고자 노력하고 있다. 성경에 의하면 사람이 새롭게 태어난다는 것은 우리의 신체가 모태에 다시 들어갔다가 태어나는 것이 아니라 정신적, 영적으로 '새롭게 변화됨'을 의미한다. 변화됨을 시도하기 위해 선행되어야 할 부분이 있다면 바로 '자신에 대한 객관적 이해' 이다. 셀프리모델링 프로젝트를 실시하기 위한 첫 단계는 자신을 아는 것에서 출발하여 끊임없는 변화와 반복되는 학습을 통한 자기혁신의 과정이다. 나를 알고 남을 알면 성공이 보인다. 자신을 알고 남을 알면 통한다. '자신을 아는 것' 에 그치지 않고 '타인을 알고' 한걸음 더 나아가 '타인에게 맞추려고' 노력하는 당신은 진정 멋쟁이! 라고 할 수 있지 않겠는가! 이런 점에서 본서가 독자 여러분들의 '자신을 아는 지식' 에 조금이나마 유익함을 줄 수 있기를 희망한다.

1. 성격이야기

타고난 성격대로 살아야 행복하다

갈등이란 타인의 타고난 성향에 대한 이해부족과 자신처럼 되기를 요구하는 욕심에서 비롯된다. "거 참 성격 이상하네! 왜 저런 행동을 하지?"라고 생각하지만 정작 상대방은 당신의 이런 생각에 동의하지 못하고 오히려 당신을 가리켜 이상한 사람처럼 생각할 수도 있다. 그러니 자신이 타고난 성향대로 사는 일이 편하다면 상대방도 자신이 타고난 성향대로 살 수 있도록 인정해주는 것이 필요하다.

자신을 알고 타인에 대해 진정으로 안다는 것은 자신과 같아지기를 요구하는 것이 아니라 타인을 이해하고 있는 모습 그대로 존중하기를 배우는 것이다. 자신의 성격에 장단점이 있듯이 타인의 성격에도 장단점이 있다는 사실을 인정하고 타인의 성격을 자신의 성격에 맞추려고 하는 이기심에서 벗어난다면 누구나 자신의 타고난 성격 그대로 행복하게 살 수 있다. 공동체 생활에서 민폐를 끼치지 않는다는 전제하에서 말이다. 누구나 자신이 사용하기 편리한 손이 있게 마련이다. 쉽고 편한 손으로 자신의 이름을 한번 써보라! 반대편 손은 사용하기가 거북하고 어려울 것이다. 사용하기 어려운 손으로 억지로 쓰기 보다는 쉽고 편한 손을 사용하되 나의 왼손, 즉 나와 반대의 사람, 반대의 성향도 있다는 사실을 인정한다면

서로의 부족한 부분을 채워 줄 수 있는 좋은 관계를 형성해 나갈 수 있을 것이다.

인간은 누구나 장점과 단점을 동시에 가지고 있다. 자신이 가지고 있는 장점은 더욱 개발하여 드러나게 하고 약점은 보완하여 보다 더 멋진 '나'의 모습으로 발전할 수 있게 되기를 기대한다.

자신이 가지고 있는 성격적 특성을 먼저 정확히 분석하고 자신이 좋아하고, 즐거워하고, 기뻐하는 것을 하도록 하라. 자기 자신을 기쁘게 해 주는 사람이 결국 타인을 기쁘고 즐겁게 할 수 있다. 마찬가지로 상대에게도 자신의 타고난 성격대로 행복하게 살 수 있도록 인정해줌이 마땅하지 않겠는가? 당신의 배우자, 당신의 자녀, 당신의 동료에게도 말이다.

자신이 가지고 있는 성격적 특성들을 인정하고 사랑하라.

낯설지 않고 익숙한 자신의 모습을 바라보며 칭찬하고 아껴주라.

당신의 인생을 함께 하고 있는 가장 가깝고도 친근한 당신의 친구이기 때문이다.

성격차이와 행복지수

우연히 TV 채널을 돌리다가 보게 된 프로그램 중 MBC스페셜에서 승가원에 살고 있는 장애를 가진 11살 태호라는 아이에 대해 소개하는 것을 보게 되었다. 양쪽 팔이 없는 대신 발가락이 팔과 손을 대신하고 있었다. 혼자서 자신의 옷을 발가락을 동원하여 벗으면서도 그 나이에 자신의 원하는 일이 뜻대로 안되면 애써보다가 짜증낼만한데도 불구하고 끝까지 명랑한 표정을 지으며 자신의 힘으로 하겠다고 안간힘을 쓰는 모습을 보면서 어렵고 힘든 일 앞에서 축 쳐진 어깨와 좌절된 생각 속에 빠져있던 내 모습이 떠오르며 어른인 내 자신이 부끄러워졌다.

한 방에서 지내는 누나에 대한 솔직하고 거침없는 감정표현과 늦게 들어와 한 식구가 된 동생을 살펴주고 선배노릇 하는 의젓한 모습이며 늘 밝게 웃는 그 표정은 짧은 시간 시청하면서도 가슴 뭉클한 감동으로 남아있는 장면들이다. 선천적으로 타고난 성격이 참 밝고 명랑한 아이라는 생각이 들었다. 자신이 처한 상황을 긍정으로 바꾸는 힘과 에너지를 가지고 있어서 보는 이 조차 불행감이 아닌 행복을 느끼게 만들었다.

얼마 전 평소에 잘 알고 지내던 후배로부터 전화가 걸려 왔다. 30대 초반에 젊고 유능한 후배는 자신이 도대체 뭘 잘 할 수 있는지, 뭘 해야 할지 모르겠다며 좌절감을 호소하는 것이었다. 또 다른 후배 역시 현재 직장에서 뛰어난 업무능력으로 인정받고 있는 후배라고 알고 있었는데 미래에 대한 비관적인 생각 때문에 희망을 갖기가 어렵다며 울먹이는 목소리로 전화를 걸어왔던 기억이 있다.

50대 초반의 중년인 모 선배는 현재 자신이 하고 있는 일이 있고, 자녀는 국내 최고의 대학에 입학하여 잘 다니고 있으며, 남편과의 관계도 원만하여 생일에 중형급 승용차를 선물을 받았다고 자랑하는 것을 들은 적이 있다. 그런데 정작 직장에서는 자신의 초라함과 무능력함, 열등감으로 인해 불행감에 휩싸인 자신에 대해 고백하던 기억이 떠오른다.

어느 날 문득 거울에서 반사되어 보이는 나라는 존재가 한없이 형편없고 못나 보여 가엾게 느껴진 적이 없는가? 나는 왜 하는 일마다 이 모양일까? 한심한 면들이 낱낱이 드러나 보일 때 어딘가에 남들이 안 보이는 구석이 있다면 숨고 싶을 만큼 부끄러웠던 적은 없는가? 개인의 특성에 따라 그럼에도 불구하고 당당하고 자신 있는 사람이 있는가 하면 같은 능력과 자질을 갖추고 있음에도 불구하고 늘 주눅 들고 못난 모습에 빠져 부정적 자아를 가지고 있는 비관적인 사람이 있다.

이처럼 주관적 안녕은 개인의 성격과 밀접한 관계가 있는데(이훈구, 1997) 동일한 상황에서도 주관적으로 행복하다고 말하는 사람은 외향적이고 낙천적인 반면에 불행하다고 자각하는 사람은 내향적이고 우울한 성격이었다고 한다. 불행하다고 생각하는 사람은 즐거운 생활사건을 가볍게 여기고 불행한 사건을 과대지각하며, 낙천적인 사람들은 오히려 부정적인 사건보다 긍정적인 사건에 비중을 두고 생각과 행동을 하기 때문에 동일한 상황에서도 더 크게 행복감을 느낄 수가 있다. 그래서 성격에 따라 행복과 불행에 대한 자각이 다르게 나타난다고 볼 수 있다.

우리는 행복한 사람을 만나면 나도 모르게 동화되어 기분이 좋아지고, 짜증스럽고 불만족스러운 사람을 만나면 그 정서가 은연 중 전달되어 불쾌의 기운을 받게 된다. 이런 사람과는 함께 하고 싶은 마음이 들지 않는 것은 인지상정이다. 당연히 비즈니스 상황에서 거리를 두게 되고 사업상 생길 일도 줄어 들 것은 너무도 뻔한 이치 아닌가?

복을 불러들이는 성격, 화를 자초하는 성격 중 당신은 어느 쪽인가?
당신은 주변 사람들에게 기쁨과 즐거움을 전하는가?
당신으로 인해 화를 만들고 분노를 갖게 하는가?
이 점에 대해 대충 넘어가려하지 말고 냉정하게 판단해 보기를 바란다.
그 결정에 당신의 성공과 실패가 숨어 있으니 말이다.

▌나의 성격은 외향적인가? 내향적인가?

▌외향성의 장점과 내향성의 장점이 있다면 무엇인가?

▌나의 성격은 낙천적인가? 비관적인가?

▌나는 현재 행복하다고 느끼는가? 불행하다고 느끼는가?

경력 개발의 시작은 '자기를 아는 것'

경력(CAREER)이란 요람에서 무덤까지 이르는 전 생애적인 사건들의 총합을 말한다. 출생, 진학, 졸업, 취업, 승진, 결혼, 이혼, 퇴직 등의 모든 생활 사건들의 과정을 '커리어'라고 할 수 있다. 태어나면서부터, 아니 태어나기 이전에 이미 모태에서 선천적 기질의 형성이 시작되고 있는 것이라 해도 과언은 아닐 것이다. '될성부른 나무 떡잎부터 알아본다'는 옛말이 있듯이 출생 직후의 유아들을 대상으로 한 실험에서 태어나자마자 외부상황에 대처하는 방식이 다르게 나타나며 '성깔 있는 녀석'과 '유순한 아이', '낙천적인 아이'가 구별된다는 것을 알 수 있었다.

태어나면서 이미 성공한 사람과 실패한 인간으로 구별된다면 이 얼마나 허무하겠는가? 타고난 선천적 기질과 후천적인 환경에 의해 변화되며 꾸준한 학습과 노력에 의해 자신의 운명을 만들어 가는 것이라고 믿고 있기에 경력 개발의 필요성을 더욱 강조할 수 있을 것이다. 태교를 시작으로 한 열성적인 어머니들의 자녀 경력 관리는 유치원을 입학하면서 더욱 치열하게 시작된다. 좋은 유치원에 입학시키기 위해 밤새 줄을 서고, 어려서부터 외국어를 익히기 위해 혀 수술을 마다하지 않으며, 학교 입학을 하면서 서서히 부모의 사회·경제적 지위와 능력은 자녀의 미래 성공을 만들기 위한 수단이 된다.

그러나 아무리 좋은 환경에서 태어나 엘리트 코스를 밟고 좋은 직업과 최고의 직장에 입사한다 해서 반드시 성공과 행복을 보장받는 것은 아니다. 성인이 될 때까지 부모에 의해 양육된 이후 비로소 사회의 한 구성원으로서 심리적, 신체적, 경제적인 독립을 하면서 자기 주도에 의한 경력 관리를 시작해야 한다.

▌어떤 직업을 가져야 가장 행복하고 만족스럽게 일할 수 있을까?

▌어떤 직장에 취직해야 장기적으로 성장 발전하며 자아 성취를 이룰 수 있을까?

▌어떤 직무에 가장 적합한 사람일까?

▌직장 내에서 상사, 동료, 부하 직원들과 좋은 관계로 지내기 위해 어떻게 해야 할까?

이 모든 것이 성공적인 경력 관리를 위해 자신에게 질문하고 스스로 현명한 답을 내릴 수 있어야 하는 체크 포인트라고 할 수 있다. 전 생애에 대한 라이프 플랜을 세우고 계획을 달성하기 위해 하위 목표를 설정하며 자기 개발의 목표를 세우기 위한 전제 조건이 바로 '자기 자신을 아는 지식'(Self-Knowledge)에 대한 학습이다.

세상에서 가장 큰 적은 자기 자신이며 가장 큰 성공 역시 '자기'를 이기는 것이라고 하였다. 자기를 이기기 위해서는 '자기'에 대한 철저한 학습이 필요하다. 또한 가장 큰 고객 역시 '자기 자신'이다. 자신을 가장 행복하게 만족시킬 줄 아는 사람이 타인을 행복하게 해줄 수 있는 능력과 방법을 알고 있는 지혜로운 사람이다. 주변을 돌아보아도 커리어, 이미지, 라이프 분야에서 컨설팅을 진행하면서 얻게 된 경험은 자기 자신을 정확히 아는 사람은 성공 가능성이 그렇지 못한 사람보다 훨씬 높다는 사실이다. 자신의 강점과 약점을 알고 있어야 타인에 대한 대응전략을 세울 수 있다.

그 다음에는 정확히 파악된 자신에 대한 '셀프 마케팅 기술'이 필요하다. '자기다움'의 방식과 가치를 드러낼 수 있도록 아름답게 포장하여 타인에게 알려줌으로써 세상과, 타인과 소통하며 긍정 에너지를 상승시킴으로 더욱 멋진 자신으로 승화시켜가는 것이다. 마지막으로 경력 관리를 위해 분석된 자기를 기반으로 장·단기적인 목표를 설정하는 일이다. 생애발달 단계별 목표를 세우고 지속적인 평가와 함께 꾸준히 실행하는 일은 당신의 성공과 행복을 보장할 수 있을 것으로 확신한다.

당신의 성공적인 경력 관리를 위해 인생의 멋진 여행 계획서를 세워보라.

▌누구와 함께 갈 것인가?(이성, 결혼)

▌어떻게 갈 것인가?(직업적 수단)

▌어느 방향으로 갈 것인가?(Career Path)

▌최종 목적지는 어디인가?(Life Planning)

직장 내 '소통'을 위한 커뮤니케이션 심리학

직장인들을 대상으로 각 팀마다 도형심리 검사를 했다. 어떤 팀은 8명 중 7명이 동그라미 몰입형, 단 한 명만 다른 유형이 나오는가 하면 반대로 어떤 팀은 8명은 모두 각각 따로 떨어진 동그라미유형이 나오는데 한 명만 동그라미 몰입형이 나온다.

동일한 동그라미유형일지라도 그림의 형태와 위치, 모양에 따라 다르게 해석될 수 있는데 몰입형이 많은 경우 그 그룹은 회식이 잦고 1차에서 끝나지 않으며 동료들과의 친밀한 관계를 형성하고 있을 가능성이 훨씬 높은 반면에 한 명만 동그라미 몰입형이 나온 경우 그 한 명은 그룹에서 심한 외로움을 겪을 가능성이 높다. 왜냐하면 모두 객관적이고 이성적이며 독립적이고 약간의 거리감을 유지하는 관계 형태를 선호하고 일에 있어서도 개인적인 업무 중심일 경우가 많기 때문이다. 이와 달리 어떤 그룹은 5명 중 각각 동그라미, 세모, 네모, 에스도형이 한 명씩 나오는 그룹도 있다. 검사 결과를 통하여 그룹의 특성 뿐만 아니라 구성원들의 개별 특성에 대한 객관적인 자료를 분석하여 조직관리에 활용할 수 있다.

그러나 이는 구성원들의 동의가 이루어져야 하며 억지로 하거나 강압적으로 하게 되면 방어기제로 인하여 정확한 진단이 어려울 뿐만 아니라 오히려 부작용을 나을 수 있다. 서로가 윈윈 할 수 있는 긍정적인 자료로 활용될 수 있다는 점이 전제 되어야 한다.

이렇듯 다양한 조직의 구성원들을 대상으로 성격심리 검사를 하게 되면 조직을 관리하는 입장에서 구성원들에 대한 이해를 높이고 각 개별 특성에 맞춰 효과적인 경력 관리 코칭이 이루어 질 수 있으며 구성원들 간에 서로에 대한 이해를 높이므로 자기 중심성에서 벗어나 타인수용을 하게 되어 원활한 의사소통이 이루어 질 수 있다. 조직 안에서의 갈등이란 서로 다른 업무 스타일, 서로 다른 의사결정 스타일, 서로 다른 의사소통 유형, 서로 다른 선호경향으로 인하여 상대방을 이해하기 보다는 자신의 방식을 고집하는데서 비롯되는 경우가 많다.

상사일 경우 부하 직원은 그대로 수용하고 받아들일 수밖에 없다고 체념하며 오랫동안 쌓이게 되면 결국 업무성과나 효율성에 영향을 미치게 되고 업무 스트레스로 인한 여러 가지 문제들을 발생시킬 수 있게 된다. 마찬가지로 상사의 입장에서는 자신과 다른 부하 직원의 업무방식에 대해 이해하기 어렵게 느껴지며 사사건건 잔소리를 하거나 비난하게 될 것이다.

모 기업에 다니는 50대 부장님은 자신과 직원들의 특성에 대해 진작 알았더라면 회사생활하면서 훨씬 더 수월했을 것이라며 지금이라도 알게 되어 무척 다행이라고 했다. 직원들에게 지금까지 자신이 너무 독선적이고 지시적이며 강한 자기주장을 해 왔다는 사실을 알게 되었다면서 직원들에게 말할 기회를 주고 경청하고자 노력하며 일일이 개인들에게 의견을 물어보는 일이 쉽지 않지만 지금부터라도 그렇게 하려고 노력한다. 가족들에 대해서도 좀 더 깊이 있게 이해할 수 있는 기회를 갖고 싶다며 배우자와 동행하여 상담을 받으시던 모습이 선하다. 덧붙여 배우자의 고백이 더욱 감동이었다. "세상에 그 어떤 대통령도 부럽지 않다. 늘 변화하고 자신의 단점을 고치려고 끊임없이 노력하며 배운 것을 현실에 적용하고 실천하는 남편을 세상에서 가장 존경한다"라고 하셨다. 이런 상사를 둔 부하 직원들은 그나마 행운이지 않겠는가?

▌현재 직무를 중심으로 적합하게 배치되었는가?

▌자신에게 맞는 직업과 직무를 수행하고 있다고 생각하는가?

▌팀 내에서 자신의 능력은 충분히 발휘되고 있는가?
　➜ 방해받고 있다면 원인은 무엇이라고 생각하는가?

▌팀 내에서 의사소통은 원활하게 이루어지고 있는가?

▌소통이 가장 잘되고 있다고 생각되는 사람은 누구인가?
　➜ 네 가지 도형 중 무슨 유형이라고 추측 되는가?

▌소통이 가장 어렵다고 생각되는 사람은 누구인가?

→ 네 가지 도형 중 무슨 유형이라고 추측 되는가?

■ 어떻게 해결 할 수 있다고 생각하는가?

성격이 좋아야 이미지가 좋다

자기 이미지(Self-Image)란 자기 자신에 대하여 가지고 있는 준거 체계로서, 자신에 대해 지각하는 모든 것과 인간 행동을 결정짓는 태도나 느낌의 총체이다. 생태학적, 심리적, 인지적, 정서적 내면적인 특성 등을 포함하여 외모, 체형, 얼굴 생김새, 표정, 자세, 태도, 제스처, 음성, 말씨, 행동, 옷차림, 걸음걸이, 매너 등 외부로 나타나는 외면적인 특성이 혼합되어 있는 개인에 대한 총체적인 이미지(total image)라고 할 수 있다(김경호, 2004). 이미지는 어떠한 사물이나 대상에 대해 주관적으로 지각되고 형성된 실상과 허상의 집합체라고 할 수 있으며 실체에 대한 상징이 되기도 하나 어느 한 요소가 아닌 그에 관련된 전체를 포괄하는 개념이라고 말한다.

그러므로 이미지 메이킹에 있어서 가장 중요하게 생각해야 할 부분이 있다면 바로 '내적 이미지(Internal Image)라고 할 수 있다. 사람의 안과 밖, 정신과 신체, 몸과 마음을 따로 떼어놓고 생각 할 수 없는 것은 사람이 가지고 있는 사고(思考)에 의해 자기 개념이 형성되고 그에 따라 행동으로 표현되며 이는 곧 성격을 형성하게 되기 때문에 당연히 좋은 성격은 타인에게 좋은 이미지의 정보를 제공하게 되기 때문이다.

어느 날 노총각 후배가 '못생긴 처자라도 데려 오기만하면 성형이라도 시켜 줄 테니 제발 장가 좀 가라' 는 어머니의 성화에 시달리고 있다고 하소연을 하는 것이었다. 그 이야기를 듣고 보니 못생긴 얼굴은 성형이 가능하지만 못된 성격의 처자를 데려오면 성형도 안 되는걸 어떡하나 싶은 생각이 들었다. 아무리 이목구비가 잘 생긴 사람이라 할지라도 성품이 좋지 못하면 좋은 관계를 유지하기가 어렵다. 반면에 덜 생긴 신체적 외모를 가졌을지라도 성품이 훌륭한 사람이라면 시간이 지날수록 좋은 관계를 유지하며 인생에 있어서 멋진 벗으로, 존중하는 마음을 갖게 될 것이다.

이처럼 성격이 좋은 사람은 높은 자존감으로 인해 '자신' 의 가치를 존중하고 '자기 자신' 을 사랑하는 일에 우선함으로써 불안이나 우울, 낙심, 열등감과 같은 부정적 정서로 인한 자신의 내부 비난에 대해 지혜롭게 대처하고 건강한 정서 관리를 하는 사람들이다. 자기 존중감이 낮은 사람일수록 불안감이나 무력감, 열등감, 무능감으로 인해 자신을 향한 끊임없는 비난의 말들을 쏟아 놓음으로써 자신에게뿐만 아니라 타인에게까지 상처를 주게 된다. 이렇듯 자신의 내부 비난에 대응하기 위한 행동양식으로 내적 비난의 소리를 무시할 수 있는 건강한 소리를 강화해야 한다.

그러기 위해서는 실패나 거부의 두려움을 극복해야 하며 자신의 욕구를 효과적으로 표현할 수 있도록 자기주장 훈련을 강화해 주어야 한다. 또한 불가피한 상황에서의 자기 실수를 용납함으로써 죄책감으로부터 벗어 날 수 있어야 한다. 타인의 평가에 지나치게 민감하지 말고 회피나 합리화가 아닌 긍정적 자기 수용을 해야 한다.

내 안에서 끊임없이 '나' 를 향해 비난하는 내 속의 내부 비난자

(Kicker)에게 한 마디 해 줄 수 있는 멋진 말을 생각해보라. 그리고 명령하라!

"이제 더 이상 나를 비난하는 내부의 소리에 귀 기울이지 않겠노라고" 단언하라.

모든 생각과 마음의 중심은 자신에게 있으며 자신의 내부에서 발생되는 일에 대한 결정권은 오직 자신만이 가지고 있다. 사람의 마음속을 일컬어 작은 우주에 비유하듯이 내부 세계에서 자신을 바라보는 방식이 외부세계의 행동방식을 결정할 수 있으며(맥스웰 몰츠, Maxwell Maltz) "사람 밖에서 일어나는 일은 사람 안에서 일어나는 일보다 훨씬 덜 중요하다"(LOUIS L MANN)라고 하였다. 자신의 긍정적 자아개념은 자신감 있는 행동을 만들어내지만 그와 반대로 부정적인 자아개념이 형성되어 있으면 아무리 성형을 해서 외모에 변화를 준다 해도 만족하지 못한다는 것이다. 긍정적 '자아 이미지'를 가진 추녀가 부정적 '자아 이미지'를 가진 미녀보다 훨씬 더 아름답다고 했다. 이렇듯 건강한 사고를 통해 습관화된 태도는 성격을 형성하고 좋은 성품은 자신의 삶을 행복하게 이끌어 갈 뿐만 아니라 타인과의 관계에 있어서도 성공적인 비즈니스를 이루어 갈 수 있게 하는 당신의 가장 값진 자산이 될 것이다.

성격을 알면 결혼생활이 행복하다

매사에 완벽함을 추구하고 부지런하며 꼼꼼하고 신중한 남편이 느긋하고 여유 있어 보이는 아내를 보며 왜 이렇게 게으르고 행동이 느리냐며 늘 불만이었다. 게다가 건강치 못하여 자주 누워있는 모습을 보는 남편으로선 더욱 더 아내가 게으르게만 보였던 것이다. 아내의 입장에서는 아무리 부지런하게 보이려고 노력하며 민첩하게 행동한다고 해도 남편의 기대에 늘 못 미치게 되고 자신의 약함을 몰라주는 남편에게 서운한 감정이 쌓여 서로에 대한 불만과 불신이 깊어갔다. 다양한 방법으로 성격검사를 하고 많은 부분에 대해 공감하고 반성하기에 이르렀다.

마무리 단계에서 자신이 중요하게 여기는 가치관 체크를 통해 너무나 서로 다른 가치를 추구하고 있었다는 점을 발견하고 부부는 동시에 놀라움을 금치 못했다. 자신이 전혀 중요하게 생각지 않고 있는 가치에 대해 자신의 배우자는 가장 중요한 가치로 우선순위에 두고 있었기 때문이다. 이때 상담자는 성격에 따라 추구하는 가치가 동일하게 드러나는 경우가 많으므로 어떤 성격이 추구하는 가치와 우선순위 가치가 무엇인지 예측해 볼 수도 있다. 부부는 지금까지 너무나 서로에 대해 모르고 있었다는 점에 동의하고 반성하며 끊임없이 상대방에게 요구하던 기대를 낮추고 '기대'보다는 '이해'를 하기로 다짐하며 좋은 관계 지속을 위해 노력하기로 결심하였다. 필자는 그 부부에게 해마다 그날을 기념하여 '부부의 날'로 정하고 이벤트를 하라는 과제를 주었다.

어떤 부부의 경우 너무나 외향적이고 감각적이며 활동 중심적인 남편이 선호하는 중요 가치는 즐거움이었다. 반면에 지극히 내향적이고 완벽하며 매사에 성실하고 책임감 강한 아내는 성실과 책임감이었으며 자녀 양육에 큰 비중을 두고 있다. 퇴근 후 남편이 자녀양육에 도움을 주지 않는다는 것이 가장 큰 불만이었고 남편은 자신이 자유롭게 여가활동을 즐기지 못하고 있는 상황이 가장 큰 스트레스였다. 서너 시간 씩 집으로 와

서 남편 대신 아이를 돌봐주는 지원시스템을 이용하기로 하였고, 아내는 자신의 외부 일을 처리할 수 있고, 남편은 퇴근 후 자신의 여가활동을 조금이라도 할 수 있도록 배려하는데 합의하고, 각자의 라이프 스타일과 서로 다른 욕구를 이해 할 수 있는 기회가 되었다.

　이외에도 부부가 서로 상대방에 대한 성격 특성에 대해 정확한 이해가 부족해서 생기는 갈등은 일일이 다 열거할 수 없을 만큼 너무도 많다. 부부나 부모자녀 상담을 하다 보면 상대방을 자신이 원하는 쪽으로 고쳐주기를 요구하는 경우가 많다보니 당연히 갈등이 생기기 마련이다. 상대방이 자기 자신에게 맞춰주기를 기대하기 보다는 오히려 자신을 상대방에게 맞춰버리는 일이 수월할 수 있을 것이다. 그럼에도 불구하고 상대방이 하나도 바뀌지 않아서 상담을 더 이상 받지 않겠다고 도중에 그만 두는 부부는 더 이상 문제 해결을 원치 않는 것이며 문제 해결을 하기도 어렵게 된다. '타인'을 변화시키는 일은 '자신'을 변화시키는 일보다 훨씬 더 어려운 작업임을 빠르게 깨달을수록 배우자와 좋은 관계로 행복하게 지낼 수 있다.

▋배우자의 성격 특성에 대해 얼마나 알고 있는지 나열해보세요.

▋만족스러운 점과 불만족스러운 점이 있다면 무엇인가요?

▋ 앞으로 어떻게 노력할 수 있을까요?

커플궁합 성격으로 본다

　며칠 전 기사를 보니 요즘 젊은이들의 결혼에 대한 의사가 20%에 그치고 결혼보다 일, 직장 취업이 우선이라고 한다. 더구나 결혼을 한다 해도 출산은 거부하는 젊은이들이 늘고 있다하니 국가적으로, 아니 전 세계적으로 참 심각한 문제가 아닐 수 없다. '어장관리', '건어물녀', '초식남'이라는 신조어가 등장하고 있다. 이성에 대한 관심을 끊고 살거나 이성을 사귀더라도 그저 여가활동의 일부로 여긴다. 잠깐 필요할 때 가끔 만나 식사를 하고 차를 마시며 영화를 보는 정도에 그치는 여가활동의 일부 수단으로 '어장관리' 라는 것을 한다는 것이다.

　철학자 칸트는 말하기를 행복하기 위한 조건 중 '사랑하는 사람이 있을 것', '일이 있을 것', '희망이 있을 것' 이 세 가지를 꼽는다. 하나님께서 세상을 창조하시고 인간을 만들어 남자와 여자를 있게 하신 깊은 배려를 생각해 본다면 여자와 남자의 결합이 주는 온전한 기쁨을 통하여 눈부신 인생의 행복감을 찾을 수 있기를 바란다. 그러나 그 기쁨과 황홀감은 잠시 잠깐이요 기나긴 전쟁이 시작되어 급기야는 평생 원수가 되어 살아가는 모습을 지켜 본 우리의 자녀들은 "난 절대 우리 부모님처럼 안살거야", "그러느니 차라리 혼자 살지", "나와 같은 자식을 나아 속 썩느니 차라리 안 낳는다"는 똑소리 나게 현명한 결단을 내리고 있는 것 같다. 부모로부터 학습된 부정적인 결혼생활과 평균수명의 연장으로 길고 지루한 결혼생활에 대한 염려가 젊은이들의 결혼관에 영향을 주고 있는 것이 아닌가 하는 생각을 해보게 된다. 그러나 우리네 부모들은 이성교제나 결혼에 대하여 학습할 수 있는 기회를 가질 수 없었다.

결혼할 때 서로에 대한 이해가 너무도 부족한 상황에서 하게 되고 오랫동안 교제를 했다 할지라도 년 수만 길어졌을 뿐 서로에 대한 객관적 이해가 부족한 경우가 많았기 때문이다. 단지 눈에 보이는 '이미지'에 끌려 시각적인 호감은 좋은 감정을 유발시키고 흔히 말하는 '콩깍지'가 씌우면 사고감각이 마비되어 어떤 단점도 다 좋게 포장되고 객관적인 판단을 흐리게 만들어버린다. 그 어떤 조언도 받아들이지 않아 온 주변에서 뜯어말리는 것을 용기 있게 선택한 '죽을 만큼 사랑해서(?)' 결혼한 이들도 주변에 심심찮게 많았는데 이제 50년을 살면서 그들의 결혼과정을 지켜보니 채 십년이 안 되어 말로 치고받고, 몸으로(?) 치고받으며 죽기 살기로 싸우는 부부들을 많이 보게 되었다.

결혼 적령기에 있는 젊은이라면 부디 결혼 예비학교 프로그램에 참여하든지, 결혼 전 커플상담을 반드시 받아 볼 것을 권한다. 아직까지도 상담에 대한 인식이 닫혀있어 개인이 비용을 지불하고 커플상담을 받는 경우가 많지 않다는 점이 매우 안타까운 현실이지만 당신의 결혼생활을 적극적으로 계획하고 설계하는 일이 그 어떤 일보다 우선됨을 중요하게 생각할 수 있는 지혜가 요구됨은 오랫동안 함께 살아온 부부가 상담을 받으면서 '우리가 이렇게 서로 다르다는 사실을 몰랐다. 결혼 초에 이런 사실들을 미리 알았더라면 지금까지 괜한 싸움이나 갈등은 훨씬 줄었을 것'이라는 아쉬움의 고백을 자주 듣게 되기 때문이다.

젊은이들이라면 부모님 세대의 결혼생활에 대한 실패를 거듭하지 않기 위해서라도 전문교육 프로그램에 참여하든지, 커플상담을 통하여 성격진단을 비롯한 다양한 탐색 작전으로 남녀가 함께 만족스러운 인생을 살아가는 길에 멋진 벗이 되어 오래도록 우정과 사랑을 지속시킬 수 있게 되길 바란다.

▌나의 이성친구에 대해 얼마나 알고 있나요?

▌장점과 단점, 습관, 좋아하는 것, 싫어하는 것은 무엇인가요?

▌이성친구가 중요하게 여기는 가치는 무엇인가요?

자녀와 잘 지내려면 성격 먼저 분석하라

2년 전에 상담을 받았던 학생으로부터 전화가 걸려왔다.

"선생님께 받았던 상담이 뭐였어요? 그 때 받았던 것처럼 제 친구도 받았으면 좋겠어요."

"그래! 그 때 상담 받고 지금은 어떻게 지내고 있니?"

"지금은 부모님과 아주 잘 지내고 있어요."

부모님께서 자신을 잘 이해해주셔서 아주 좋은 관계로 잘 지내고 있으며 그뿐 아니라 진로 상담을 겸해서 진행했기 때문에 현재 자신에게 맞는 전공을 선택하는데 많은 도움이 되었다며 감사의 인사를 잊지 않았다. 처음에 도형심리검사를 비롯하여 MBTI 성격유형검사, Neo 청소년성격검사, Holland 직업흥미검사 등을 실시했었다.

친구에 대한 상황을 들어보니 부모님과의 갈등이 심각하여 자주 가출을 하게 되고 해결 방법이 없어 답답함을 친구에게 호소하였던 것이다.

가장 근본적인 이유는 부모님과 자녀와의 성격 갈등에서 비롯되는 것이었다. 너무 다른 성격 때문에 부모도 힘들고 자녀도 힘들어 지쳐 있었다. 그러나 다행스러운 것은 부모가 자녀를 강압적으로 손목을 잡고 상담실에 오는 경우가 많은데 비해 자녀가 나서서 상담실을 찾고 부모님과 함께 올 테니 상담을 해달라는 것이었다.

내 자녀의 기질적 특성이나 성격을 가장 잘 알고 있다고 생각하지만 가족상담을 하다보면 부모가 바라본 자녀의 특성이 실제로 검사 결과나 자녀의 진술과 많이 다름을 종종 보게 된다.

대상관계이론에서 보면 인간은 어머니의 몸을 빌어 태어나면서부터 첫 번째 어머니와의 관계가 형성되고, 어머니의 생각과 느낌을 전달받아 자기 안에 내재화하면서 자기 이미지를 만들어내고 대상과의 관계 속에서 서서히 자기 개념을 무의식에 축적하며 성격이라는 것을 본질적으로 형성하게 된다고 보는데 결국 어머니가 자녀의 성격을 형성하는데 가장 큰 영향을 미치게 된다고 볼 수 있다.

그러나 본질적으로 타고난 선천적 기질은 부모의 양육방식이나 양육환경에 따라 크게 달라지지 않는다는 연구 결과들을 보면서, 필자 역시 동일한 부모의 양육태도와 동일한 환경 안에서 성장하는 자녀임에도 불구하고 전혀 다른 성격적 특성들이 드러난다는 사실이 부모로서 자녀양육에 대한 자책감에서 다소 위안이 되곤 한다.

필자 역시 너무도 다른 두 아이의 성격 때문에 전쟁을 치른다. 한 녀석은 너무 무겁고 한 녀석은 너무 가볍다. 한 녀석은 너무 느리고, 한 녀석은 너무 빠르다. 한 녀석은 너무 꼼꼼한데 한 녀석은 너무 덜렁댄다. 이럴 때 부모들이 흔히 하는 말이 있다 다시 뱃속에 집어 넣고 반씩 섞어서 나눴으면 좋겠다고 말이다. 무겁고 느리고 꼼꼼한 녀석은 인문·사회계열, 교육에 적합한 적성을 보이고, 가볍고 빠르고 덜렁대는 녀석은 다방면에 재능이 많으나 기계, 기술·엔지니어 분야, 예능분야에 적성이 보인다.

한 녀석은 발달단계에 맞춰 열심히 잘 따라가고 있으나 한 녀석은 앞으로 자기 인생이 한 오백년은 남아 있는 것 같이 여유를 부린다. 아이들의 기질적 성향을 알고 나니 조급한 부모 마음을 위로하며 조금이나마 여유를 갖게 한다.

"기다리자!"

"아이가 스스로 원하고 하고자 할 때까지 조금만 더 기다리자."

"열불, 천불이 나도 참고 기다려주자! 더 중요한건 믿어주자!"

"내 속으로 난 내 자식이니 닮아도 부모 중 어느 한 쪽을 닮았을 테니 누구를 탓하랴." 자신과 너무 다른 자녀의 특성을 이해하고 받아들이도록 노력해야 한다. 할 수 있다면 부모 중 한 쪽이라도 자녀와 비슷한 기질을 가지고 있다면 서로 역할을 분담하도록 하라. 자녀와의 관계 개선에 있어서 가장 중요한 건 특성을 먼저 이해하고 자녀의 기질에 맞춰 믿고 기다려주는 것이다.

▌ 자신과 자녀의 기질적 특성은 같은가? 다른가?

▌같은 점은?

▌다른 점은?

▌자녀와 함께 앞으로 노력해야 할 점은?

성격을 알면 자녀 진로가 보인다

'자녀 진로 속도가 아니라 방향이 우선이다.'

　10대에는 방향 설정이 가장 중요하다. 중, 고등학교 시절 자신이 어떤 분야에 흥미가 있으며 자신의 적성이 무엇인지 탐색해보고 어떤 분야의 일을 하고 싶은지? 어떤 직업에 대한 관심이 많은지? 그 일을 하게 될 경우 직업에 대한 직업정보는 정확히 파악하고 있는지? 등을 꼼꼼히 탐색해보고 대학에 가기 전에 전공 선택을 하기 위한 방향 설정이 매우 중요하다. 그러나 우리의 현실은 어떤가? 그저 무조건 어디로 가든지, 방향도 없이 속도만 내라고 아이들을 재촉하고 있지 않는가? 마치 바다 한가운데 있는 돛단배가 닻 없이 앞으로 가고자 한다면 제자리를 돌 뿐 앞으로 전진하지 못함과 같다.

　"너무 답답해서 상담을 요청합니다. 오늘 한번 가면 제 진로, 적성을 결정할 수 있나요?"
　고등학생 자녀를 둔 부모의 조급한 마음에 이런 질문을 많이 받게 된다. 물론 한번만으로 아주 간략히 진로 적성을 알아볼 수는 있다. 하지만 자녀의 인생에 있어서 직업 선택, 진로 결정이라는 가장 중대한 사건이라고 할 수 있다. 인간은 태어나서 죽을 때까지 일을 하면서 살게 된다. 무슨 일을 하는가? 하는 것은 삶에 있어서 얼마만큼의 자기만족과 자아 성취를 이루어나가는지 가늠해 볼 수 있는 삶의 근거가 될 수 있다.

그렇기 때문에 진로를 결정하고 선택한다는 것은 복합적인 상황을 고려하고 분석할 수 있는 통합능력이 필요하다. 진로 문제는 심리, 정서, 가족 문제까지 동반할 수 있기 때문에 양적, 질적인 정보 수집과정이 필요하며 전문가와의 상담을 통하여 자신에게 가장 적합하다고 판단되는 진로 의사결정을 할 수 있어야 한다. 중요한 것은 진로는 자신의 선택이며 자신의 인생을 타인의 결정에 의존하거나 맡길 수는 없다는 사실이다. 마찬가지로 상담자 역시 타인의 진로 선택을 결정지을 권한이 없다.

단 한번의 진로 상담으로 진로 결정을 한다는 것의 오류에 대해 지적할 수 있으며 마찬가지로 단 한가지의 심리진단 도구만을 사용하여 진로 결정을 한다는 것에 대해서도 경계할 필요가 있다. 각각의 심리진단 도구의 특징에 대해 이해하고 다룰 수 있는 전문능력을 갖추고 있어야하며 교차 분석된 결과와 더불어 심리, 정서적인 문제 해결을 포함한 통합 상담이 요구되기 때문이다.

그러나 본서에서 필자는 기질분석과 도형심리 진단을 통하여 초 · 중 · 고 · 대학생뿐만 아니라 성인상담의 진로영역을 다룸에 있어서 유용한 도구로 사용되고 있음을 실제 상담 장면에서 확인 할 수 있었다. 물론 앞에서 언급한 것처럼 한 가지 심리진단 도구만을 사용하여 진로를 결정하기보다는 다양한 도구사용을 통하여 각 특성에 맞는 자기 이해가 선행되어야 한다는 점은 매우 중요한 사실이다.

그렇기 때문에 부모나 자녀들의 진로 상담을 하고자할 때 이 점을 명심할 필요가 있다. 진로 상담을 하기 위해 첫 번째 단계에서 실시되는 것은 역시 자기이해를 위한 다양한 성격유형 검사라는 것이다. 그 다음 심리문제나 정서문제가 있을 경우 이를 우선 해결하고 직업 흥미에 대한 각종 검사를 실시하게 되며 생활사건이나 생활시간 사용 등 다양한 정보를 수집하기 위한 면담이 이어지게 되므로 단 일회적인 상담만으로 진로를 결정지으려고 하는 욕심을 버려야 한다.

자녀학습을 위해 거액의 학원비는 매달 꼬박꼬박 지출하고 있지만 그 학원비가 많다고는 생각하지 않는다. 당연히 나가야 할 지출이라고 여기기 때문이다. 그러나 진로 결정을 위해 상담을 받는 비용에 대해선 단기 속성에 최소 금액이었으면 하는 게 학부모 심정일 것이다.

전교에서 거의 1등을 놓치지 않는 고등학교 1학년 학생이 갑자기 성적이 떨어지기 시작한다며 부모님과 함께 상담받기 위해 찾아왔다. 목표가 없어 학습동기가 떨어진다는 것이었다. 자신은 법대를 가고 변호사가 되고 정치인이 되고 싶은 목표가 있는데 부모님의 요구는 의대를 가라고 한다. 그 학생의 기질은 담즙질기질의 세모도형이었다. 다른 검사도구를 굳이 사용하지 않더라도 의대보다는 법대, 정치인에 적합한 성격 특성을 가지고 있었다.

부모와 자녀의 진로 목표가 다를 경우 상담자의 입장이 난감하지만 사실 그대로의 정보를 제공해주고 가정에서 지속적으로 부모와 자녀간의 대화를 통하여 자녀 진로를 선택하는데 도움이 될 수 있도록 도울 수 있다. 자녀들이 오히려 자신의 적성이나 흥미에 대해 가장 잘 알 수 있으므로 자녀가 희망하는 진로 목표가 있다면 부모로서 객관적인 직업정보와 구체적인 진로 경로(Career Path)를 제시하며 조언해주는 것이 바람직하다.

그러나 자녀가 무엇을 잘 할 수 있는지, 무엇을 하고 싶은지, 어떠한 직업이 있는지에 대한 정보도 부족한 상태에서 성격유형도 명확하지 않아 미개발된 상태라면 참 난감한 일이다. 이런 경우 자기보고식 문항에 답변하기보다 다른 검사도구들을 활용할 수 있을 것이다. 객관적인 검사도구로 명확한 분석이 어려울 경우 그림이나 이미지를 활용한 투사검사도구가 오히려 유용할 수 있다.

이처럼 자녀의 성격유형을 알면 자녀의 진로를 알 수 있다. 더불어 부모와 자녀 간 이해를 높이고 의사소통의 방법을 배우고 효과적인 가족 대화도 할 수 있게 된다.

2. 도형심리 이론

　도형심리란 네 가지 도형을 기본으로 하며, 개인의 적성이나 기질, 성격을 분석해볼 수 있는 성격분석검사 도구이다. 도형상담은 칼 라이너의 도형이론과 히포크라테스(Hippocrates)의 체액분류('다혈질', '담즙질', '점액질', '우울질')를 토대로 하고 있다. 4대 기질론의 타당성은 26년 동안 팀 라헤이 목사의 '라헤이 기질분석' 테스트를 받은 27,000명의 사람들을 통해 수백 번 이상 검증되었고, 미국에서는 오래 전부터 수잔 델린져(Susan Dellinger) 박사에 의해 '기하 심리학'(Geometry Psychology)으로 알려져 왔는데 5가지 도형을 통하여 기업 내 조직 구성원들의 커뮤니케이션 교육과 개인상담에 활용되고 있다.

　수잔델린져박사의 5가지 도형에는 동그라미, 세모, 정사각 네모와 직사각형, 지그재그선으로 구분되어 있는데 직사각박스형은 부정적이고 혼란스러운 상태를 의미한다.

　반면, 국내에서 오미라(2012)는 기본적 도형 네 가지와 매우긍정적인 통합형으로 묘사되는 육각도형을 추가하여 새로운 5가지의 도형모델을 제시하였다. 뿐 만 아니라 도형심리의 이론적 배경으로 BGT(Bender Gestalt test)도형검사, 미술심리치료이론, 게슈탈트형태심리 등 이외에도 새로운 이론들을 접목하여 도형심리유형검사와 분석방법에 있어서 현실적인 대안을 제시하고 있다.

3. 도형심리로 보는 자기분석

　도형그림을 분석함에 있어서 전체적인 조화와 구조, 순서, 크기, 위치, 모양의 변화에 따라 분석해야하기 때문에 한 장의 도형그림만 가지고 심리적, 성격적 특성을 해석함에 있어서 검사자의 주관적 추론에 전적으로 의존하는 맹분석(blind analysis)의 위험성에 대해 우려스러운 점 없지 않다. 그러나 그림을 통하여 면접만으로는 드러나지 않는 내적 욕구나 충동, 심리적, 정서적, 성격적 요인들을 해석하는 투사적검사의 장점 또한 잘 활용할 수 있다면 매우 유익한 방법 중 하나이다.

　지금까지 국내에서 도형심리를 진단하기 위한 방법으로는 투사적그림검사만 사용하여 왔는데 현재의 욕구나 심리, 정서상태, 스트레스 등을 진단할 수 있지만 내담자가 그릴 때마다 달라지는 패턴을 보임으로 인하여 성격유형을 분류하는데 있어서는 한계점이 있어왔다. 이 점을 보완하기 위하여 객관적문항검사로 도형심리유형진단지를 개발하여 사용하고 있으며 투사적검사(projective test)와 객관적 문항검사(objective test)를 혼합 사용하여 평가 및 분석(Assessment and Analysis)의 진단도구로 활용 할 수 있게 되었다.

　도형을 그릴 때 마다 달라지는 투사적검사를 분석 할 때에는 현재의 욕구, 스트레스 상황에 대하여 긍정적 해석(interpretations)을 제공함으로써 내담자 스스로 자신의 강점과 약점을 성찰하게 하고 부정적인 기질적 특성이나 생활양식을 보다 더 바람직한 방향으로 변화시켜 나갈 수 있도록 돕는 역할을 해야 한다. 이러한 역할의 중요성으로 인해 상담자는 상징적인 그림 한 장만으로 내담자의 심리,정서상태를 분석하는데 있어서 매우 신중해야 하며 투사적 검사를 분석할 때에는 상담자의 주관적 견해가 내담자에게 미치는 영향이 크기 때문이다.

최근 들어 도형심리에 대한 관심과 요구가 높아지고 있음은 짧은 시간 안에 성격유형을 파악하고 심리, 정서상태를 진단할 수 있는 이점이 있기 때문이다. 이외에도 다음과 같은 여러 가지 장점을 소개해 볼 수 있다.

1) 종이 한 장과 색연필 또는 연필 한 자루만 있으면 검사가 가능하다.
2) 검사시간이 짧아 도형을 그리는데 드는 시간은 5분 내외이다.
3) 문자나 언어에 어려움이 있는 아동이나 외국인에게도 실시가 가능하다.
4) 그림에 대한 능력이나 지능, 연령에 구애됨이 없이 실시가 가능하다.
5) 검사자가 피검자의 그림을 그려 나가는 상황을 목격함으로 해석에 필요한 정보들을 참고할 수 있다.
6) 채점하는데 걸리는 시간이 없으므로 그림을 보면서 직접 해석해줄 수 있다.

《성격심리학》(노안영, 강신영. 학지사)에서 보면 인간성에 대한 주요한 준거의 주제로 '독특성' 대 '보편성'에 대해 다루고 있는데 인간은 유일무이한 존재이기 때문에 다른 사람들과 비교할 수 없으며 동일한 해석이 불가하다는 독특성을 강조한 입장을 기본적으로 하고 있지만, 이와 반대로 인간은 매우 유사한 공통적인 보편성을 가진다고 보는 견해도 있다.

이러한 견해는 융(Carl Gustav Jung, 1875~1961)의 이론을 통해서도 알 수 있는데 인간 행동이 다양성으로 인해 종잡을 수 없는 것 같지만 아주 질서정연하며 일관된 경향이 있다고 보았으며, 인간 행동의 다양성은 개인이 지각하고 판단하는 특징이 다르기 때문이라고 말하고 있다.

성격심리학자 올포트는 각각의 삶은 매우 다른 성격특질을 가지고 있으며 두 가지 유형의 특질로 나누어 '개인특질'(individual traits)과 '공통특질'(common traits)을 제안하였는데 도형을 해석하는데 있어서도 내담자들의 공통 특성과 개인적 특성을 고려하여 해석할 때 보다 더 효과적이며 높은 만족도를 보였다. 물론 개인에 따라 이런 상황을 바넘 효과(해석 참조)라고 할 수도 있을 것이다.

캐텔(Raymond B. Cattell, 1905~1998)에 따르면 사람들이 가지고 있는 공통 특질은 성격의 정신적 구성 요소이며 행동의 규칙성 또는 일관성을 설명하는 근본적인 구성 개념으로 정의한 바와 같이 사람들이 가지고 있는 공통특징을 이해하고 있다면 특정 상황에서 어떻게 행동하게 될지를 예언할 수 있다고 보았다.(참조: 성격심리학, p260. 노안영, 강영신 공저)

자기보고식 심리검사를 실시할 경우 외부로 드러난 심리검사 결과는 연속선상에 있는 점수이지만 이런 결과를 도출하게 한 내면의 과정은 연속적인 것이 아닐 수 있다. 도형검사를 통하여 드러나는 그림은 고정되어 있지 않고 변화하며 개인의 역동을 현재에 반영하게 되는데. 한 개인이 자신의 기질적 특성에 대해 해석을 듣고 난 뒤 다시 그려보겠다고 했을 때 그림의 형태는 달라질 수 있지만 개인의 기질적 특성은 그림 안에서 유사한 형태를 유지하게 되며, 현재의 상태에서 가장 강한 욕구를 먼저 드러내기 때문에 도형선택이 달라졌다고 해서 해석에 어려움이 발생하지는 않는다. 이를 잘 보여주는 사례로 한 내담자의 도형이 4번이나 바뀌었지만 개인의 기질적 특성이 유사하게 드러난 경우도 있다.

Gestalt의 형태심리학에서 'Gestalt'라는 말은 전체 형태, 모습 등을 의미하는 독일어로서 우리 인간은 어떤 자극에 노출되면 그러한 자극들을 하나하나의 개별적인 자극으로 인지하지 않고 의미 있는 전체 혹은 형태로 지각한다는 것이다. 또한 사물을 본다는 것은 대상의 두드러진 특징을 본다는 것으로 몇 개의 특징만으로도 지각 대상에 대한 특징을 이해할 수 있기 때문에 전체적인 형태를 파악할 수 있다는 것이다. 어떤 사물을 인식할 때 관심 있는 부분은 도형으로 지각되고 다른 부분은 배경이 되는데 관심의 초점이 되는 부분을 전경(도형)이라고 하며 관심밖에 있는 부분을 바탕이라고 Gestalt 심리학은 말한다. 이처럼 도형은 형태를 가지고 있지만 바탕은 형태가 없다고 볼 수 있다. 도형은 실제적인 사물의 성격이고 바탕은 재료의 성격을 갖는다. 동양에서의 바탕은 도형을 위한 절대 공간이기보다는 여백이나 기(氣)가 충만한 공간으로 보며 바탕 또한 독립된 조형의 구성 요소로 보았다. Gestalt 심리치료에 있어서 미해결 과제에 대한 해결 방법은 '지금 여기(Here and Now)'를 알아차리는 것인데(2004, 이순만) 형태로서 표현된 현재의 도형(전경)을 민감한 정서로 인식하고 성찰하며 해석하는 것이 필요하다.

바넘 효과

성격에서 바넘 효과(The Barnum Effect)란 사람들이 보편적으로 가지고 있는 애매하고 일반화된 진술을 자신의 성격에 대한 독특하고 의미 있는 특징으로 기술하는 것으로 기꺼이 받아들이는 것을 말한다. 예를 들면 "당신은 변화를 좋아하고 다양함을 좋아하고 또는 당신의 결정에 항상 의문을 가진다"라는 성격해석은 다른 사람들에게도 다 포함되는 보편적 성격이다. 어쨌든 성격해석을 하면 많은 사람들이 심리학자의 어떤 능력에 의문을 갖지 않고 해석을 받아들이게 되는데 이것은 인간의 보편성을 바탕으로 한 성격해석이기 때문에 믿을만한 현상이라는 것을 확인시켜 준다고 할 수 있다.

(성격심리학. p36)

4. 도형심리 유형 검사

도형심리로 보는 자기분석

○ □ △ S를 통한 내면여행

1. 위 4개의 도형 중에 가장 마음에 드는 도형을 한 개 골라 크기나 위치에 관계없이 마음대로 3번 그린다.

2. 나머지 도형 3개를 각각 한번 씩 크기나 위치에 관계없이 그린다. (중복되어도 무방함)

OMR 도형심리 유형 검사(2010. 오미라)

　4가지 도형의 이미지 중 한 개를 선택하여 그림으로 나타낼 경우 현재 자신의 심리적 특성을 도형의 형태로 반영하고 있음을 볼 수 있으며, 4가지 도형의 성격특성은 객관적인 자기보고식 형용사를 수치화하여 가장 높은 점수의 도형으로 성격적 특성을 추측해 볼 수 있다. 도형이미지와 형용사적 성격특성을 수치화하여 개발된 도형심리문항검사를 통하여 상담자는 내담자의 특성을 보다 더 깊이 이해하고 상담과 교육의 내용이 풍부해지길 기대해본다.

　1. 각 도형의 특성 중 자신과 가장 밀접한 형용사에 숫자로 표시하세요.

　2. 가장 높은 숫자 1과 2를 표시하세요

1. 남을 위하는 .... 0 — 1 — 2 — 3 — 4
2. 다정다감한 .... 0 — 1 — 2 — 3 — 4
3. 따뜻한 .... 0 — 1 — 2 — 3 — 4
4. 상냥한 .... 0 — 1 — 2 — 3 — 4
5. 온화한 .... 0 — 1 — 2 — 3 — 4
6. 관대한 .... 0 — 1 — 2 — 3 — 4
7. 남을 배려하는 .... 0 — 1 — 2 — 3 — 4
8. 인정 있는 .... 0 — 1 — 2 — 3 — 4
9. 포근한 .... 0 — 1 — 2 — 3 — 4
10. 너그러운 .... 0 — 1 — 2 — 3 — 4
11. 우호적인 .... 0 — 1 — 2 — 3 — 4
12. 협조적인 .... 0 — 1 — 2 — 3 — 4
13. 봉사적인 .... 0 — 1 — 2 — 3 — 4
14. 동정심 많은 .... 0 — 1 — 2 — 3 — 4
15. 이해심 많은 .... 0 — 1 — 2 — 3 — 4
16. 친절한 .... 0 — 1 — 2 — 3 — 4
17. 사교적인 .... 0 — 1 — 2 — 3 — 4
18. 사람들과 잘 어울리는...... 0 — 1 — 2 — 3 — 4
19. 사람들을 좋아하는 .... 0 — 1 — 2 — 3 — 4
20. 헌신적인 .... 0 — 1 — 2 — 3 — 4
21. 인정에 끌리는 .... 0 — 1 — 2 — 3 — 4
22. 인기에 민감한 .... 0 — 1 — 2 — 3 — 4
23. 관계 지향적인 .... 0 — 1 — 2 — 3 — 4
24. 수용하는 .... 0 — 1 — 2 — 3 — 4
25. 호기심 많은 .... 0 — 1 — 2 — 3 — 4

합계 (   )

세모형

1. 지도력 있는	0	–	1	–	2	–	3	–	4
2. 지배적인	0	–	1	–	2	–	3	–	4
3. 설득력 있는	0	–	1	–	2	–	3	–	4
4. 열성적인	0	–	1	–	2	–	3	–	4
5. 경쟁심 있는	0	–	1	–	2	–	3	–	4
6. 모험심 있는	0	–	1	–	2	–	3	–	4
7. 야심 있는	0	–	1	–	2	–	3	–	4
8. 재치 있는	0	–	1	–	2	–	3	–	4
9. 외향적인	0	–	1	–	2	–	3	–	4
10. 자기주장이 강한	0	–	1	–	2	–	3	–	4
11. 거만한	0	–	1	–	2	–	3	–	4
12. 쾌활한	0	–	1	–	2	–	3	–	4
13. 인기 있는	0	–	1	–	2	–	3	–	4
14. 자신감 있는	0	–	1	–	2	–	3	–	4
15. 과시하는	0	–	1	–	2	–	3	–	4
16. 권위적인	0	–	1	–	2	–	3	–	4
17. 진취적인	0	–	1	–	2	–	3	–	4
18. 주도적인	0	–	1	–	2	–	3	–	4
19. 적극적인	0	–	1	–	2	–	3	–	4
20. 목표 지향적인	0	–	1	–	2	–	3	–	4
21. 희생적인	0	–	1	–	2	–	3	–	4
22. 정의로운	0	–	1	–	2	–	3	–	4
23. 계획적인	0	–	1	–	2	–	3	–	4
24. 두드러지는	0	–	1	–	2	–	3	–	4
25. 규칙을 잘 지키는	0	–	1	–	2	–	3	–	4

합계 (   )

네모형

1. 정확한 .... 0 – 1 – 2 – 3 – 4
2. 신중한 .... 0 – 1 – 2 – 3 – 4
3. 분석적인 .... 0 – 1 – 2 – 3 – 4
4. 합리적인 .... 0 – 1 – 2 – 3 – 4
5. 논리적인 .... 0 – 1 – 2 – 3 – 4
6. 조직적인 .... 0 – 1 – 2 – 3 – 4
7. 계산적인 .... 0 – 1 – 2 – 3 – 4
8. 내성적인 .... 0 – 1 – 2 – 3 – 4
9. 비판적인 .... 0 – 1 – 2 – 3 – 4
10. 지성적인 .... 0 – 1 – 2 – 3 – 4
11. 탐구적인 .... 0 – 1 – 2 – 3 – 4
12. 학구적인 .... 0 – 1 – 2 – 3 – 4
13. 침착한 .... 0 – 1 – 2 – 3 – 4
14. 이성적인 .... 0 – 1 – 2 – 3 – 4
15. 상식이 풍부한 .... 0 – 1 – 2 – 3 – 4
16. 냉철한 .... 0 – 1 – 2 – 3 – 4
17. 집중력이 있는 .... 0 – 1 – 2 – 3 – 4
18. 보수적인 .... 0 – 1 – 2 – 3 – 4
19. 공정한 .... 0 – 1 – 2 – 3 – 4
20. 객관적인 .... 0 – 1 – 2 – 3 – 4
21. 솔직한 .... 0 – 1 – 2 – 3 – 4
22. 겸손한 .... 0 – 1 – 2 – 3 – 4
23. 전통적인 .... 0 – 1 – 2 – 3 – 4
24. 말이 적은 .... 0 – 1 – 2 – 3 – 4
25. 융통성 없는 .... 0 – 1 – 2 – 3 – 4

합계 (   )

에스형

1. 창의적인	0	–	1	–	2	–	3	–	4
2. 독특한	0	–	1	–	2	–	3	–	4
3. 상상력이 풍부한	0	–	1	–	2	–	3	–	4
4. 독창력이 있는	0	–	1	–	2	–	3	–	4
5. 개방적인	0	–	1	–	2	–	3	–	4
6. 감정에 민감한	0	–	1	–	2	–	3	–	4
7. 감수성이 풍부한	0	–	1	–	2	–	3	–	4
8. 예술적인	0	–	1	–	2	–	3	–	4
9. 미적 감각을 추구하는	0	–	1	–	2	–	3	–	4
10. 우울한	0	–	1	–	2	–	3	–	4
11. 느낌이 중요한	0	–	1	–	2	–	3	–	4
12. 자유분방한	0	–	1	–	2	–	3	–	4
13. 틀에 얽매이지 않는	0	–	1	–	2	–	3	–	4
14. 환상적인	0	–	1	–	2	–	3	–	4
15. 엉뚱한	0	–	1	–	2	–	3	–	4
16. 기분에 좌우되는	0	–	1	–	2	–	3	–	4
17. 민감한	0	–	1	–	2	–	3	–	4
18. 까다로운	0	–	1	–	2	–	3	–	4
19. 재주가 많은	0	–	1	–	2	–	3	–	4
20. 충동적인	0	–	1	–	2	–	3	–	4
21. 명랑한	0	–	1	–	2	–	3	–	4
22. 조심성 있는	0	–	1	–	2	–	3	–	4
23. 완벽한	0	–	1	–	2	–	3	–	4
24. 이상주의적인	0	–	1	–	2	–	3	–	4
25. 세심한	0	–	1	–	2	–	3	–	4

합계 (   )

1도형 :

2도형 :

5. 도형별 성격특성

도형심리의 성격 특성

▷ 동그라미도형 - 다정다감하고 친절한 사람

▷ 세모도형 - 자신감 있고 목표가 뚜렷한 사람

▷ 네모도형 - 꼼꼼하고 신중하며 믿을만한 사람

▷ 에스도형 - 다재다능하며 자유분방한 사람

동그라미

동그라미도형

둥글게 생긴 동그라미의 모양처럼 이리 저리 잘 굴러다니는 특성을 가지고 있다. 얼굴이 둥글둥글 하게 생긴 사람의 성격특성도 도형의 둥근 형태와 비슷하며 성격이 둥글둥글하여 주변사람들과 잘 사귀고 다툼이나 분쟁이 적고 인간관계를 중요시하는 사람들이다. 인간은 본능적으로 둥근 것에 대한 너그러움을 가지고 있어서 둥근형의 사람들에게 경계심보다는 친근감을 가지고 접근하기가 쉬운 이유도 인간관계를 부드럽게 할 수 있는 이유가 될 것이다. 동그라미형인 이들은 사교적이고 활달하며 현실적인 일에 대한 관심이 많고 출세지향적이며 권력지향적인 면이 있으나 내면적으로는 낭만적이고 감성적인 경향이 있다. 과거에 대한 좋지 않은 기억을 쉽게 잊어버리고 미래에 대한 걱정과 염려보다는 깊이 고민하거나 우울해하지 않는 낙천적인 성격이다. 사람들과도 원만하게 잘 지내며 관계지향적인 이들의 자유로움은 때로 방종으로 보여 질 수 도 있다.

정창환박사의 '얼굴여행'에서 보면 얼굴이 둥근형인 사람을 형상의학에서 정과(精科)라 하고 둥글게 생겼으니까 너무 잘 구르다보니 머물지 못하는 모순이 있다고 한다. 자신의 모순을 발견하지 못하면 생긴 대로 살다가 생긴 대로 죽는데 정과는 천살(天殺)을 피하지 못한다. 천살 이란 귀가 얇은 동그라미형들이 이곳, 저곳에 대한 호기심으로 잘 돌아다니며 천기를 많이 받기 때문에 감기나 유행성독감이나 전염성질환에 걸리기 쉽다.

기업에서 직원을 채용할 때 생김새를 중시해서 주로 둥글게 생긴 사람을 많이 채용한 기업과 생김새보다는 능력을 위주로 채용을 한 기업이 있었는데 초반에는 능력을 우선으로 뽑힌 울퉁불퉁과가 모두 섞여 있는 기업이 초고속성장을 하였고 동그랑땡 그룹은 느려터진 달팽이 성장을 하였다고 한다. 그런데 시일이 지나자 울퉁불퉁직원들은 작당하여 연일 파업을 일삼아 회사가 마비지경에 이르렀으나 동그랑땡기업은 그저 둥글게 둥글게 안정적인 성장을 이루어갔다고 한다.

얼마 전 필자가 출연했던 KBS1T.V에서 진행한 일자리현장채용 프로그램에서 보면 기업에서 직원채용 시 직원이 해야 할 업무특성에 맞춰 적합한 인재를 선발하기 보다는 원만한 성격으로 보이는 동그라미형의 청년들이 최종면접까지 남아있음을 볼 수 있었다. 업무특성과 개인의 적성을 고려하여 적합한 인재를 선발하고 배치하는 일은 매우 중요하므로 도형을 통한 성격유형과 그림분석으로 심리,정서적 상태를 진단하고 분석하여 채용하는 일도 매우 중요하다 하겠다.

동그라미형의 특성

동그라미형은 편안하고 안락함을 원한다. 편안함을 추구하는 그들로서는 부드럽고 푹신한 쿠션이 있는 안락한 쇼파를 선호한다. 그러나 그들의 책상은 혼잡하고 문서들이 여기저기 흩어져 있지만 자신은 오히려 그러한 분위기가 익숙하여 불편함을 느끼지 못한다. 하지만 꼼꼼한 네모형들은 그것을 보고 겉으로 표현하지 않지만 불편함을 느낀다는 사실을 기억해야 한다.

동그라미형은 밝고 따뜻하며 화사한 빛깔의 봄꽃과 같다. 직장에서 누구와도 잘 지낼 수 있는 사교적인 사람이며 천성적으로 남을 잘 돌보고 섬세하기 때문에 늘 주변에 친구가 많다. 항상 즐거운 시간을 갖기 원하며 명랑하고 잘 노는 사람들이다. 친구나 동료들의 문제를 잘 들어주고 해결해주는 해결사인 그들은 "그까짓 거 문제없어! 내가 해결해 줄게"를 외치는 돈키호테와 같다. 다정다감하고 대인관계 폭이 넓으나 깊은 우정관계를 지속시키는 일에는 어려울 수 있다.

동그라미형 인간들은 다른 사람들이 잘 사는 것과 조화를 유지하는 것에 큰 초점을 맞춘다. 그들은 갈등을 처리해야 할 논쟁에서는 종종 포기해버리지만 세모형들은 끝까지 자신의 주장을 드러내며 강한 설득력을 동반한다. 일반적으로, 동그라미형 인간들은 이야기하기를 매우 좋아하여 자신이 질문하고 자신이 대답하는 경향이 있다. 다른 사람의 말을 잘 들어주고 감정이입을 잘 하며 사람들과 의사소통을 잘 한다. 그들은 내향일 경우 일대일, 외향적일수록 일대 다수의 대화를 선호하므로 사람을 돕는 직업에 적합하다. 그들은 훌륭하게 의사소통을 잘 하는 사람들이고 다른 사람들이 최선을 다하도록 동기를 부여해 주는 능력이 있다. 그들은 또한 타고난 교사이며 상담가이다. 그들의 지도 아래에서 학생들은 행복한 학창시절을 보낼 것이다. 당신의 친근한 성품은 당신의 동료들이 당신을 좋아하게 만드는 매력이며 장점이다. 그러나 당신은 분주하지만 효율적으로 일의 순서나 시간을 관리함에 있어서 어려움을 느낀다. 당신은 하던 일을 멈추고 동료와 이야기하느라 당신의 프로젝트가 정확하게 제 시간에 완성되지 못할 수도 있다. 당신은 매우 친근하고 섬세한 사람이다. 다른 사람들의 흥미를 끌고, 또 다른 사람에게 흥미를 느끼는 사람이다. 당신은 4가지 성격 유형의 조화자이다. 모든 것에서 최고의 팀 플레이어이며, 당신의 역할은 팀의 촉매제와 같다. 당신의 가장 큰 힘은 모든 유형의 사람들과 의사소통하는 능력이다.

동그라미의 가정생활

집은 당신을 위한 사랑이 있는 곳이다. 당신은 아마도 대가족과 많은 애완동물이 있을 것이다. 친구들은 당신에게 아주 중요하며 친구들은 당신에게 가족이다. 당신의 개인적인 생활로부터 전문적인 생활을 구분하는 것은 어렵다. 사무실에서 당신에게 문제가 생길 때 당신은 그 문제를 집으로 가져온다.

동그라미유형의 이미지

밝고 화사한 컬러를 선호하는 동그라미는 최신 유행하는 옷 입기를 좋아하고, 좋은 옷장을 통해서 당신의 미래를 투자하는 것이라고 믿는다. 당신의 컬러는 밝은 오렌지 주황이나 정열적인 레드 컬러이다. 당신은 때에 맞는 스타일로 입지만 때로는 과감한 연출도 서슴지 않는다. 변화 적응에 빠른 이들은 늘 유행을 선도하는 감각파들이다. 너무 유행에 민감하다 보면 식상한 이미지를 줄 수 있으니 유의해야 한다. 흔하지 않고 고급스러우면서 우아하게 엘레강스한 이미지를 연출 할 수 있다면 훨씬 더 돋보일 것이다.

보완점

당신은 한 사람만을 사랑하는 것에 우울해 할지도 모른다. 바람기가 있고 의지가 약하여 개방적인 성생활을 즐기다가 크게 화를 자초할 수 있으니 주의해야 한다. 너무 구르지 말고 때로는 머물러 서서 자신의 위치를 확인하고 자신을 돌아보고 성찰할 줄 알아야 방종을 면할 수 있다. 말이 너무 많고 목소리가 크며 과장이 심하다는 말을 자주 듣는다. 말하는 양과 크기를 줄여라. 혼자서 너무 많은 말을 하지 말고 다른 사람에게도 말할 수 있는 기회를 충분히 주도록 하라. 현실 지향적인 이들은 미래에 대한 계획과 목표를 세우고 실천하는 의지가 필요하다. 호기심이 많아 여러 가지 일을 벌여 놓기는 하지만 의지가 약하여 끝마무리가 부족하기 때문에 사전에 충분한 검토와 계획을 한 후에 실행하는 것이 필요하다. 기억력이 부족하여 약속을 잘 지키지 못한다. 늘 기록하는 습관을 갖도록 하고 특히 기록한 것을 잃어버리지 않도록 주의하라.

동그라미의 기도

사람들과 좋은 관계를 지속시킬 수 있는 능력을 주서서 감사합니다. 관계와 결속은 나 자신의 중요한 가치임을 알고 그 일로 인하여 즐거워하며 때로는 타인에 대한 불필요한 갈등이나 분쟁에 대하여 너그러운 마음을 주시니 감사합니다. 그러나 때때로 시작한 일에 대하여 끝까지 마무리 하지 못하는 불성실함에 대하여 지나친 너그러움을 피하게 해주시고 변명이나 합리화로 일관하지 않도록 도와주소서. 잘못된 습관을 되풀이 하는 어리석음에서 벗어날 수 있는 강한 의지를 주옵소서!

동그라미의 연애법칙

당신은 빠른 시간 안에 타인과 가까워 질 수 있는 탁월한 능력을 가지고 있다. 그러므로 연애할 때 당신은 상대방에게 너무 쉽게, 너무 빨리 다가서려는 당신의 욕구를 절제해야만 한다. 조금은 천천히, 조금은 멀리서 충분히 탐색한 후에 다가서도록 노력하라. 상대방으로 인하여 너무 쉽게 상처받지 않도록 하라. 모든 사람이 당신처럼 다정다감하고 풍부한 감성을 지니고 있는 것은 아니기 때문이다.

동그라미형의 직업유형

당신은 훌륭한 상담가이자 외교와 타협에 능한 사람이다. 당신은 좋은 이야기를 들어주는 사람이며 사람들의 마음을 잘 읽는 초인적인 능력을 가지고 있다.(사람들은 당신에게 거짓말을 하지 못한다) 당신은 매우 감정이입을 잘 하고, 대단히 설득적일 수 있다. 당신은 이러한 능력들을 이용할 수 있는 직업을 필요로 한다. 당신은 고객 서비스의 지위에도 잘 맞

을 것이다. 동그라미/세모형일 경우 도전적이고 성취 지향적인 판매직에
도 잘 맞는다. 당신은 야망적이지 않으며 인생에서 대단한 것을 성취하지
않을지는 모르지만, 다른 사람이 시작한 일을 중간에 유연하게 잘 진행시
키는 당신의 지속성의 장점은 당신의 노후에 다른 사람들로부터 성대한
은퇴파티 축하를 받게 될 것이다.

당신은 때때로 남에게 지나치게 친절해서 가끔 이용당하는 손해를 볼
수도 있다. 당신은 또한 일이 계획한 대로 잘 되지 않으면 종종 스스로를
손상시키기도 한다. 당신은 직장에서 지도자보다는 안정시키는 사람으
로서 행동하는 경향이 많다. 무대 체질인 동그라미형 당신은 임무가 주어
지면 적절히 잘 수행해내며 기회가 되면 무대에서 당신의 온전한 끼를 발
휘하고자 한다. 온화하고 낙천적이며 쾌활하고 명랑한 당신은 늘 주변 사
람들과 좋은 관계를 갖기 원하며 부드럽고 관대함을 드러낸다. 충돌을 좋
아하지 않는다. 당신은 모든 사람이 행복하기를 원하기 때문에, 종종 평
이 좋지 않은 결점에 대해 지체하고 고군분투한다.

동그라미유형의 진로 및 직업적성

인문 사회분야, 언어계열, 마케팅 및 영업 판매직, 보험설계사, 패션 머
천다이져 연예인, 여행안내원, 아나운서, 상담가, 음악치료사, 언어치료
사, 외교관, 교사, 사회복지분야, 특수학교 교사, 텔레마케터, 병원 코디
네이터, 간호사, 영양사, 의료장비 기사, 스포츠 에이전트, 특수학교 교
사, 공연기획자, 파티플래너, 방송연출가, 레크레이션 진행자, 통역가, 비
행기 승무원, 호텔 지배인, 컨시어즈, 변호사, 연기자, 영화 홍보 전문가,
부동산 중개인, 마술사.

세모도형

세모도형의 모양과 같이 잠시도 가만히 못 있고 늘 움직임이 많으며 끊임없이 새로운 일을 계획하고 추진한다. 능동적이고 외향적이며 의지가 강하고 자신만만하여 실제보다 긍정적 과대평가를 받기도 한다. 타고난 리더유형으로서 리더가 될 수 있는 기회가 오면 주저하지 않고 리더역량을 유감없이 발휘할 수 있다. 두목이 되고 책임을 지며 타인을 지배하고 관리하는 능력이 탁월하고 경쟁적인 환경에서 자신의 기량을 발휘할 수 있는 호기로 삼는다. 세모형의 책상 위에는 그들의 권위를 나타내는 상징물들로 가득하며 독립심과 자립심이 매우 강하다. 세모형의 인간들은 어려운 상황에서 오히려 자극을 받아 극복할 수 있는 강한 의지가 생긴다. 개성이 강하고 목표지향적이다.

형상의학에서 세모는 신과(神科)라 하여 역삼각형으로 생겼다. 상승하는 기운이 강한 반면에 하강하지 못하는 모순을 가지고 있으며 역삼각형이니까 중심을 잡기 위해 늘 가만히 있지 못하고 움직인다. 신과는 아살(我殺)을 조심해야 한다. 자신의 욕심이 한도 끝도 없이 커지다가 결국 욕심으로 인하여 죽게 된다는 것이다. 그러나 도형으로서의 역삼각형의 모양은 자신감이 위축되었을 때 드러나는 모양으로 해석될 수 있다. 처음 선택한 정삼각형의 세모 뿔이 모두 하늘로 솟아 있으면 자신감이 하늘을 찌를 만큼 높다는 의미이며, 세 개 중 하나라도 역삼각형의 모양을 하고 있으면 현재 자신의 자존감을 낮게 만드는 원인을 찾아 볼 필요가 있다.

세모형 인간은 네모형 인간과 약간의 특성들을 공유하고 있다. 그들은 또한 많이 같지 않고, 크게 초점에 맞춰져 있지는 않지만 동일한 직선형이라는 점에서 매우 유기적이다. 세모형 인간의 책상은 그 위에 약간의 업무 문서들이 놓여 있으며 비교적 깔끔하다. 책상은 결코 난잡하지 않다. 세모형 인간의 또 다른 분명한 성향은 그들은 멋지고 그들의 사무실은 세모형 인간의 최고만을 원하는 "지위의 상징"물들로 늘 가득 차 있다. 사무실의 벽은 명예를 나타내는 상패나 학위와 증명서 같은 것들로 꾸며져 있곤 한다. 당신은 당신의 인생에서 성공을 나타내주는 지위의 상징들을 좋아한다. 당신은 항상 '최신의 것', '최고의 것' 등을 가지고 있다. 비밀스럽게 당신의 취향은 기묘한 구석이 있다. 세모형 인간은 두목이 되고 제어하고 책임지고 관리하는 데에 매우 뛰어나다. 그들보다 자신감이 부족한 사람들에게 권력을 휘두르며, 대부분의 지도자들은 천성적으로 그들이 성공할 운명이라고 느끼는 강한 세모형 인간들이다. 그들의 강점 중의 하나는 남에게 업무를 위임하는 능력이다. 이것은 모든 좋은 매니저의 능력이다. 그러나 세모형 인간은 매우 고집이 세고 정치적이다.

세모형 인간의 또 다른 매력적이지 않은 특성은 그들의 "야망에 찬 자기중심성"이다. 그들은 자기중심적일 뿐만 아니라, 매우 경쟁적이며 그들이 잘못될 때 그것을 싫어한다. 잘못되는 것은 세모형 인간이 매우 감당하기 어려운 것이다. 당신은 건강 문제를 조심해야 한다. 당신은 목표 달성에 초점이 맞추어져 있을 때 스스로의 한계를 뛰어 넘는 경향이 있다. 당신은 또한 탐닉하기 일쑤이고 그것은 당신이 스트레스를 받을 때 더 심해진다. 당신은 인생의 모든 면에서 대단히 욕구가 많아서, 당신의 여가 활동은 매우 다양하다.

당신은 흥미롭고 도전적인 모든 것 등을 좋아한다. 당신이 무엇을 하든, 당신은 그것들을 잘하며 항상 "first class"로 올라가기를 주장한다. 당신이 그러할 여유가 없을 때 조차도 말이다. 전형적으로, 세모형 인간들은 어떤 일들이 그들의 방법대로 되기를 원한다. 이것은 아마 그들이 결정에 있어서 남들과 거의 함께 하지 않는 이유를 설명해줄 것이다. 세모형 인간은 또한 목표를 세우고 그것을 성취하는 것을 좋아한다. 그들은 매우 전속력적인 인간이기에, 정점까지 질주한다. 약속에 있어서 그들은 제일 먼저 가야 한다고 생각한다.

그들은 당신이 "완벽한 사람"에 주의를 둔다는 가치를 보지 않는다. 당신은 충돌하는 욕구를 가진 사람이다. 당신은 든든하고 윤리적인 일을 하지만, 당신은 또한 강한 사회적 욕구를 가지고 있다. 비록 당신은 스스로 완벽한 기준의 충족을 위해 혼자서 일해야 하지만 당신은 종종 팀에서의 일 가운데서 우애를 놓친다. 팀은 당신의 지식의 공로와 협상 능력을 가치 있게 본다.

스트레스를 받을 때 당신은 엄한 감독자이며 동료들이 당신의 현재 모습에 위축되게 한다.

만약 당신이 팀원을 존중하고 팀 프로젝트가 가치 있는 것이라고 여기면 효율적인 팀 플레이어가 될 것이다. 당신의 지도력은 종종 팀 기획에서 나타난다. 다른 사람들은 종종 당신을 지도자로 본다. 당신은 기준이 되고 당신의 결정에 기꺼이 책임을 질 수 있는 용기를 가지고 있다. 당신은 지도자의 위치에 있기를 원하고, 당신의 추진력과 결정 능력은 당신을 높은 직책을 기대하도록 할 것이다. 당신의 권위가 올라갈수록 당신은 스스로에게 최고의 멘토가 될 것이다. 그러나 항상 남을 위해 일하는 것에 문제가 생긴다. 당신은 매우 정직하고 거리낌 없이 말한다. 당신은 스스로에게 "이런 식으로 말해!"라고 하는 것을 자랑스러워 한다.

당신은 천성적인 기업가이다. 당신은 매우 높은 목표들을 달성하고 끊임없는 도전을 요구한다. 당신은 인생에서 여러 번 실패하는 듯 하지만, 계속해서 다시 시작하는 끈기가 있다. 당신은 분명한 경영 인재이지만, 당신은 더 성공적이 되기 위해서 유능한 멘토로부터 좋은 가르침을 받을 필요가 있다. 당신은 독단적인 경향이 있으며 다른 사람의 의견을 존중하는 법을 배워야 한다. 당신은 동그라미형과 곡선형의 인간에 대한 공로의 가치를 배워야 한다. 당신은 경쟁심이 강하고, 사실은 큰 조직체의 정치적 음모를 즐긴다. 당신은 훌륭한 협상가이고 영업 관리직에서 아주 성공할 수 있다.

당신은 크게 성공할 잠재력이 있지만, 하룻밤 사이에 이기고 질 수도 있다. 당신은 믿을 수 없는 힘으로 열심히 나아가는 사람이다. 소수의 사람만이 당신과 계속해서 함께 일할 수 있다. 당신은 매우 빨리 지루해하고, 당신의 삶에서 끊임없는 자극을 필요로 한다. 당신은 매우 야심에 차 있고 성취 지향적이다. 당신은 맡게 되는 어떤 것이든 성공적으로 해낼 것이다. 당신은 항상 당신이 "특별"하다고 알려지고, 최고에 이르는 것이 당신의 운명이라고 느낀다.

당신은 빠르게 결정하고, 직관력이 있으며 자신감이 있다. 당신은 매우 야심에 차 있고 성취 지향적이다. 당신이 맡게 되는 어떤 것이든 성공적으로 해낼 것이다. 당신은 이러한 새로운 인생 환경에 대처하기를 강요받는다.

당신은 신속한 추진력과 결단력으로 매우 존경 받는다. 그러나 당신은 다른 사람에게 "결론이 뭐야?"라고 물으며 자신에게 필요한 정보가 입력

되면 차단해 버리므로 타인의 말을 자르는 경향이 뚜렷하여 끝까지 듣는 경청훈련이 필요하다. 대인관계는 당신의 유일한 약점이다. 당신은 사람들이 당신을 위해서 무언가를 하도록 "사람들을 이용"하는 경향이 있다. 이것은 늘 당신에게 돌아올 것이다. 당신이 인생에서 약간의 성공의 단계에 오를 때마다, "실패한 친구들"에 둘러싸여 있는 것을 알지도 모르기 때문이다. 비록 당신은 발전 가능성이 있는 친구들에게 크게 매력적일지도 모르나, 인생에서 매우 실패한 인간관계를 갖게 될 수도 있음을 명심해야 한다. 당신은 매우 빨리 지루해 하고, 당신의 인격과 전문적인 삶에서 끊임없는 자극을 필요로 한다. 당신은 매우 경쟁적이고 몹시 성내는 실패자이다. 초기에 당신은 훌륭한 멘토가 필요하다. 당신은 도전적인 당신의 본능적인 경향을 바꾸는 법을 배워야 한다.

당신은 다른 사람의 의견을 존중하는 것을 배워야 한다. 만약 당신이 팀원을 존중하고 팀 프로젝트가 가치 있는 것이라고 여긴다면 효율적인 팀 플레이어가 될 것이다. 물론 당신의 팀에서의 준비된 역할은 팀의 지도자이다. 동료들은 당신을 대단히 존경하지만, 당신은 유능하지 못한 남들을 트집 잡기 좋아하는 경향이 있어서 남들이 종종 당신을 좋아하지 않을 수 있다.

당신은 팀 플레이어가 아니다. 당신은 "스타"이다. 당신은 항상 당신의 "동등함"을 찾는 것에 어려움을 느낄 것이다. 당신의 시각에서, 동료들은 결코 약간의 재능도 없을 것이다. 당신의 직업의 초기 단계에서 당신은 크게 실망할 것이다. 상관은 자격 미달이다. 당신 스스로의 일 처리는 느리게 되는 것 같아 보인다. 당신은 발끈 화를 낼 수도 있다. 그러나 당신은 미래의 리더로서 현재에 인내와 끈기를 기를 것을 필요로 한다는 사실을 명심할 필요가 있다.

당신은 진정한 친구이자 훌륭한 동료이다. 당신의 인생은 꽉 차있고, 바쁘고, 때로는 너무나 분주하다. 몇 분 쉬기도 하고 약간의 시간을 내서 놀기도 해라. 홀로 앉아서 당신의 내면의 소리를 들어라. 이것은 정말 지혜로운 것이다. 당신의 모토는 "일도 열심히, 노는 것도 열심히"이다. 그리고 당신은 그대로 행동한다. 당신의 여가 활동은 계획된 일상이다. 당신에게 빠르게 정보를 주는 잡지와 신문 읽기를 좋아한다. 정신적 예리함을 요구하는 게임에서 전문가가 될 수 있다.

세모형의 가정생활

세모형 인간은 직장에서 지배적인 인격이지만, 사적 생활에서는 다른 모습을 나타내는 것을 허용한다. 집에서 당신은 가족들을 위해 매우 헌신적이며 가족들의 방어막이 역할을 즐겁게 감당한다. 하지만, 당신의 직선적 경향으로 인하여 이런 행동과 태도가 왜곡될 가능성이 매우 높기 때문에 약간의 느린 속도를 지향하고 곡선의 굽은 태도를 배우라. 당신의 가정생활이 훨씬 더 행복해질 것이다.

약점

성마른 성격으로 조급하고 신경질적이며 감정이 메마른 사람으로 비춰진다. 자존심이 강하고 남을 앞지르고자 하는 욕구가 강하여 승부욕에 사로잡히기 쉽다. 자신은 진지하게 생각한다고 하지만 깊이가 얕아 경솔한 결정을 내리기 쉽다. 항상 다른 사람을 조정하려 들고 나서기를 좋아하며 리더가 되어야 직성이 풀린다. 냉담하고 냉소적인 모습을 지니고 있다. 동정심이 없어 보인다. 화를 잘 내고 편견이 많다. 계산적이어서 작은 돈에 예민하고 오히려 크게 지출 할 때에는 과감하게 지출하기도 한다. 넘치는 자신감이 오히려 거만하게 보일 수도 있다. 다른 사람이 말 할 때 끼어들거나 중간에 말을 자른다. 계산적이다. 자신의 결점을 인정하려 들지 않는다.

보완점

너무 긴장하지 말라.

다른 사람에게 시키는 듯한 인상을 주지 말라.

다른 사람의 감정을 늘 배려하도록 노력하라.

자신에게도 단점이 있음을 인정하라.

세모형을 위한 기도

너무 조급하여 잠시 망설임도 없이 쏟아 놓는 진실과 정의라는 것이 나 자신을 묶어버리는 자물쇠임을 잊지 말게 하소서! 진실과 정의라는 이름으로 대담해진 저의 경거망동은 깊은 함정으로 자신을 빠뜨리는 어리석음이라는 사실을 가능하면 빠른 시간 내에 알게 하소서! 오래 기다리고 인내하는 가운에 선택된 결정으로 나 자신과 타인에 대하여 너그러움을 드러내게 하시고 정의라는 명분으로 타인을 정죄하고자 하는 나의 교만함을 용서하소서! 이제는 부드럽고 따뜻한 이미지로 변화된 저의 모습을 통하여 두려움으로 바라보던 시선들이 더 가깝고 친밀한 관계로 발전할 수 있게 하여 주소서!

연애 법칙

당신의 연인이 세모형일 경우 주도적인 지도력을 인정해주고 따라줘라. 대장 노릇 하도록 허용해주고 기회를 제공하라. 부드럽고 달콤하게 속삭이는 대화에 대한 기대와 환상을 버려라. 그러나 당신이 세모형이라면 상대방에게 기회를 양보하라. 당신의 연인과 대화할 때 부드러움을 극도로 훈련하라. 상대방의 감정, 기분, 정서를 고려하고 느낌 언어를 개발하라. 당신의 딱딱함과 이성적인 사고, 강한 리더십은 연애하는 일에 상당한 걸림돌이 될 것이다. 어렵겠지만 당신은 연애에서 성공하기 위한 실천전략을 세우지 않으면 안된다. 하루 한 가지 유머를 당신의 연인에게 입으로, 메일로, 문자로 전달하라. 여유를 가져라. 당신의 사랑이 성공하기를 진심으로 기대한다.

유형별 궁합보기

세모유형에게는 에스유형의 진지함과 부드러움, 감정적인 면이 필요하다. 그러나 긍정적인 상황에서는 서로가 상생관계가 되지만 사람을 잘 믿는 세모유형과 타인에 대한 불신이 깊은 에스유형이 갈등관계가 되면 에스유형이 세모유형을 조용히 떠나게 된다. 그러나 수용능력이 뛰어난 동그라미형은 세모형의 날카로움에도 잘 적응하며 동그라미의 부족한 추진력을 세모형이 보완해 줄 수 있으며 꼼꼼하고 완벽을 추구하는 네모형과도 좋은 관계로 장기간 지속될 수 있는 조화자이다. 당신은 로맨틱하지 않지만, 사랑하는 한 사람에게는 헌신적이며, 세모형은 가족이 위협받을 땐 포악한 사자가 되며 식사는 정해진 시간에 해야 한다는 사실에 유의하라.

당신은 당신의 지위를 알고 유행하는 값비싼 옷을 입는다. 파란색은 당신의 색깔이며, 지위와 명예를 존중하는 당신에게 가장 적합한 컬러이다. 딱 부러지는 결단력과 넘치는 자신감으로 주위 사람들에게 카리스마 있는 강한 지도력을 발휘한다. 늘 정리되어 있고 단정한 당신의 이미지에 따뜻하고 부드러우며 친근한 이미지를 더한다면 당신의 품위는 한층 더 돋보이며 주위 사람들로부터 많은 사랑을 더하게 될 것이다. 이를 위해 더 많이 노력하라.

세모형의 직업유형

지칠 줄 모르는 열정가이며 강한 추진력과 도전적인 이들에게 적합한 직업유형은 경영학, 마케팅, 기획, 전략부서, 기업 컨설팅, 노무사, 정치, 군대집단, 경찰관, 법률가, 판·검사, NGO 단체 활동가, 환경운동가, 영화감독, 운동감독 및 코치, 운동경기 심판, 펀드 매니저, 보험계리인, 도시계획자, 경영 컨설턴트, 경호원, 선장 및 항해사, 항공기 조종사, 전투기 비행사, 국제회의 전문가, 투자분석가, 노무사, 치과의사, 정형외과 의사, 시스템 컨설턴트, 보안관리 요원이다.

네모도형

네모도형의 모양처럼 매우 안정적이다. 조용하고 차분하며 침착하다. 신뢰감을 준다. 안정을 지향하는 이들은 매우 현실적이고 일을 조리 있게 잘 처리하지만 매우 신중하고 꼼꼼하기 때문에 처리속도가 느리다는 평가를 받는다. 인내심과 끈기가 있는 이들은 시작한 일은 늦더라도 끝까지 책임감을 가지고 마무리를 잘 한다. 사람들을 좋아하지만 갈등상황을 피하여 중재역할을 잘 한다. 지적 욕구가 매우 강한 이들은 교육적인 일에 관심이 많다.

얼굴이 네모난 사람을 형상의학에서는 기과(氣科)라 하며 얼굴 모양이 각지게 생겼기에 잘 머무르는 특성이 있으나 잘 구르지 못하는 모순이 있다. 얼굴이 네모난 사람은 둥글게 살지 못하고 남들과 잘 다툴 수 있고 융통성이 적다. 새로운 변화에 적응하기가 어렵고 사고가 유연하지 못하며 자기 고집이 강하다. 그러나 한번 사람을 믿으면 끝까지 신임하므로 배신을 잘 안 한다. 네모는 한번 자리를 잡으면 움직일 줄 모르고 그 자리를 지키는 우직한 면이 있다. 느긋하고 여유가 있으며 믿음직스러운 장남 이미지이다. 거짓말을 하면 얼굴에 다 드러나 거짓말을 못한다. 기과는 인살(人殺)을 피해야 하는데 다른 사람과 더불어 사는 법을 배워야 한다.

네모형 인간은 모든 유형 중에서 가장 유기적이고, 전형적으로 주변의 모든 것들이 늘 평범한 것을 좋아하는, 매우 단정하고 논리적이며, 분별력 있는 사람이다. 이러한 사람들은 대충 일하는 것을 절대 용납하지 못한다. 이들은 또한 모든 유형 중에 가장 박식하다. 지적 호기심이 강하고 느린 속도로 성장하는 대기 만성형이다. 네모형 인간의 가장 긍정적인 특성 중 하나는 그들의 "인내력과 끈기"이다.

이러한 사람들은 아마도 위에 한 장의 문서가 놓인, 대단히 잘 정돈된 책상을 갖고 있을 것이다. 그들의 책상 위의 모든 물건들은 제각각 그 위치가 있다. 네모형 인간은 "책상을 정리하자. 마음이 정돈될 것이다"라는 모토를 믿는다. 이처럼 네모형 인간은 물건 정리하는 것을 좋아하고, 결과적으로 한두 개의 서류가 그들의 미결 서류함에, 여러 서류들이 기결 서류함에 들어있다. 이것은 부분적으로 네모형 인간이 대단히 근면하고 헌신적이라는 사실 때문이다. 그들은 종종 사무실에서 늦게까지 일한다.

네모형 인간들은 정리에 매우 뛰어나다. 그들의 컴퓨터 파일은 획일적이고 훌륭하게 정리되어 있어서, 그들의 동료들은 그들이 원하는 어떤 것이든지 손쉽게 얻을 수 있다.

이들은 그들의 행동에 상당한 강박 관념을 가질 수 있으며, 섬세한 것에 주의를 두며, 사실상 완벽주의자로 묘사될 수 있다. 이러한 섬세한 것에 주의를 두는 것은 그들이 항상 분석을 위해 더 많은 정보들을 모으고, 그들은 네모형 인간의 특성상 정확한 정보를 선호하기 때문에 그들을 매우 느린 결정자로 이끌 수 있다. 네모형 인간이 통제 받는 것을 좋아하고 따라서 이것은 그들이 놀랄 일이 없는 예측 가능한 환경을 원한다는 사실을 확인시켜 준다. 그러나 이것은 또한 남들에게 그들이 꾸물거리고 변화를 매우 싫어한다는 인상을 준다.

당신은 혼돈 가운데서 유기적으로 남아있는 독특한 능력을 가지고 있다. 당신의 서류철들은 상호 참조되고 색깔 별로 구분되어 있다. 사람들은 종종 정보를 위해 당신에게 접근한다. 그들의 본능적인 강박 관념과 완벽주의에 대한 경향 때문에, 네모형 인간은 종종 독불장군이고, 팀 내에서 가장 일을 안 할 것처럼 보인다.

이러한 특성은 또한 그들의 작업 환경 밖으로까지 흘러나간다. 그들이 조직하는 모든 사회 행사들은 사전에 잘 계획되며, 거의 군사적으로 꼼꼼하게 잘 실행될 것이다. 이것은 아마 그들의 작업 공정도에 대한 애정을 잘 설명해줄 것이다.

당신은 하루하루의 모든 순간들을 계획하기 때문에, 갑자기 일어나는 일들을 싫어한다. 그러나 당신은 위기에 처한 팀에 들어가서 침착하게 문제를 해결할 지도 모르나, 아무도 당신이 시간을 잃는 것 때문에 밤을 새워서 일하리라는 것은 모를 것이다. 당신은 스트레스를 받을 때 누군가가 당신의 무력한 모습을 보게 되는 것이 두려워서 당신 주변을 경계한다.

네모형의 친구들은 몇 안 되지만, 그들은 당신에게 가족과 같기 때문에 매우 행운이다. 그들은 항상 당신의 말을 믿을 수 있고, 위기에 빠졌을 때 당신이 그들을 저버리지 않으리라는 것을 알고 있다. 당신은 관대하지만, 실용적인 선물을 주는 것을 더 좋아한다. 당신의 여가 시간에 당신은 음악을 즐긴다. 읽는 것은 역사 소설과 전기소설을 좋아한다. 취미는 종종 목재로 만드는 것과 수작업 하는 것을 포함한다. 당신은 훌륭한 요리사이다. 당신은 대단한 수집가이다.

당신은 전문적인 당신의 생활로부터 당신의 사생활을 구별하는 것을 선호한다. 직장에서, 당신은 "일 먼저, 노는 것은 나중에"라는 말을 믿는 유기적인 사람이다. 당신은 매우 세부 지향적이고, 업무는 가장 정확하게 완성되어야 한다고 믿는다. 당신은 대충 일하고, 회의에 늦고, 근무시간 중에 노닥거리는 사람을 존중해주지 않는다. 팀 내에서 일하도록 강요받을 때, 당신의 역할은 게이트 키퍼(정보의 수집을 정리, 통제하는 사람)이고, 종종 다른 사람들을 위해 많은 일을 한다. 비록 당신은 팀워크의 동지의 우애를 즐기지만, 분명 혼자 일하는 것을 선호할 것이다.

당신이 스트레스를 받는다고 느낄 때, 당신은 철수하고 홀로 고립되기를 원한다. 당신은 애국적이고 규칙적으로 교회에 출석한다. 당신은 친구들은 적지만, 그들은 당신에게 가족과도 같기 때문에 그들이 당신을 친구라고 부르는 것은 행운이다. 그들은 항상 당신의 말을 믿으며, 만약 그들이 위기에 처했을 때 당신이 그들을 방치하지 않으리라는 것을 안다. 만약 당신이 팀원을 존중하고 팀 프로젝트가 가치 있는 것이라고 여기면 효율적인 팀 플레이어가 될 것이다. 당신의 지도력은 종종 팀 기획에서 나타난다. 다른 사람들은 종종 당신을 지도자로 본다. 당신은 기준이 되고 당신의 결정에 기꺼이 책임질 수 있는 용기를 가지고 있다. 당신은 위험을 무릅쓰는 사람은 아니다, 하지만 당신의 선택을 주의 깊게 분석하고 계산할 것이다. 당신은 종종 확률적으로 생각한다.

당신은 성실함 면에서 높은 기준과 믿음을 가지고 있다. 모든 사람이 당신의 기준에 맞추는 것은 아니다. 당신은 관대해지는 것, 남의 관점에서 들어주는 훌륭한 경청자이다.

당신의 인생에서 모든 일이 잘 되어 갈 때, 당신은 분별력 있고 균형 있는 태도를 유지한다. 당신이 가장 최상의 상태일 때 당신은 유기적이고 능률적인 인간이다. 당신의 사무실은 단정하고 작으며 당신의 일은 정확하고 제 때에 완성된다. 당신은 기호가 맞는 동료들과 농담하고 이야기하는데 시간을 쓴다. 당신의 다소 엉뚱한 유머 감각이 당신 스스로 어려운 문제를 쉽고 창의적으로 해결할 수 있음을 발견할 것이다. 그러나 짧은 시간 동안에 해야 할 일이 너무 많을 때 당신은 매우 스트레스를 받게 된다. 이런 일이 발생할 때 당신은 지킬, 하이드의 인격을 갖게 된다. 당신은 제출 기한을 놓치고, 일을 대충하고, 당신의 깔끔한 사무실은 전쟁터처럼 되기 시작한다. 당신은 다른 사람들로부터 물러서고, 유머 감각을 잃게 된다. 다른 사람들은 당신 주위에 있는 것을 조심스러워 하기 시작한다. 당신은 목표가 불확실하고 마감 시간을 놓쳤을 때 스트레스를 받는다. 스트레스 받을 때 당신은 엄한 감독자이며 동료들이 당신의 현재 모습에 위축되게 한다.

네모형의 가정생활

당신은 전통적인 가족가치 앞에서는 보수적이다. 당신은 이혼이라는 것을 믿지 않으며, 깨끗하고 능률적인 가사 일이 공정하게 나누어지길 기대한다. 당신은 일에서는 열심히 힘쓰는 사람이다. 그래서 당신의 집의 환경은 정돈되어 있고 스트레스가 없어야 한다. 당신은 로맨틱하지 않지만, 사랑하는 한 사람에게는 헌신적이며 식사는 약속된 시간에 해야 한다. 사회적인 사건은 거의 없지만, 일어나는 사건은 조심스럽게 계획하고 능률적으로 수행될 것이다.

네모형의 이미지

네모형의 사무실은 늘 단정하고 깨끗하다. 당신의 옷장은 장식적이기 보다는 실용적이고, 당신은 회색이나 황갈색 같은 부드럽고 단조로운 색을 선호한다. 튀지 않고 평범하며, 녹색의 안정감과 편안한 컬러를 선호한다. 혁신적인 변화를 수용하는 일에 익숙하지 않은 이들은 유행을 받아들이는 일에 매우 보수적이다. 그러나 가장 품위 있고 우아한 엘레강스한 이미지를 가지고 있으나 가끔씩은 지루하지 않도록 새롭고 신선한 감각을 시도해보라.

약점

당신의 가장 큰 결점은 자신감의 부족이다. 스스로를 너무 심각하게 말하는 것을 그만두어라. 당신의 유머 감각을 나타내라. 우유부단하여 의사결정 능력이 필요하다. 한번 시작한 일을 마무리는 잘 하지만 처음 시작하는 추진능력이 부족하다. 사건이나 상황에 개입하여 문제를 해결하기보다는 방관자적 입장을 취함으로 이기적인 모습으로 보일 수 있다. 변화를 싫어한다. 자신이 요구하는 기대에 미치지 못하면 잔소리를 많이 한다. 지나치게 정리정돈에 집착한다.

보완점

일에 대한 열정을 강력하게 갖도록 하라. 스스로에게 늘 동기부여 하라.
다른 사람의 부탁에 대해 자신의 솔직한 의견을 표현하라.
거절하는 법을 배워라. 매 순간 결정능력을 키워라.
새로운 변화에 도전하고 수용하라.
일에 대한 속도를 내어라

네모형을 위한 기도

모든 사람들에게 좋은 사람, 착한사람으로 보이기 위해 지나치게 제 자신을 낮추고 자신을 존중하지 않음으로 자존감을 떨어뜨리지 않도록 도와주시고 솔직하고 당당하게 제 자신의 감정이나 의견에 대해 표현 할 수 있는 용기를 주옵소서! 무엇인가 결정하고자 할 때 너무 망설이며 우유부단하거나 타인의 결정에 따르는 의존성에서 벗어나 스스로 결정할 수 있는 의사결정능력을 키울 수 있도록 도와주소서! 왜 그것을 결정해야하는지, 합리적인 의사결정을 생활 속에서 적용할 수 있는 지혜를 주소서! 제 모습 그대로 사랑하고 가치롭게 여길 수 있는 용기를 주소서!

네모형의 연애법칙

네모형의 보수성은 한사람에게 성실하다. 사랑에 대한 표현도 적을 뿐 아니라 매우 드물다. 그러나 이들은 당신에 대해 신뢰하고 있으며 늘 정직한 자세로 임하기 때문에 믿을 만하다. 표현이 적다고 요구하지 말라. 마음이 내키지 않는 일을 억지로 하기 어렵다. 그러나 네모형인 당신은 바짝 정신을 차려야 한다. 당신의 그 무거움 때문에 기다리다 지친 동그라미형은 당신 곁을 떠나게 될지 모른다. 서둘러 고백하라. 당신의 그 여유와 느긋함 역시 조급한 세모형을 떠나게 만든다는 사실을 명심하라.

네모도형의 성격궁합

우유부단하거나 혼란스러움을 경험하는 네모형에게 확실한 지침을 주고 해결해 줄 수 있는 세모도형에게 끌린다. 매사에 세모도형의 결정에 의존하려고 한다. 그러나 융통성이 없고 비사교적인 네모도형은 사교적이고 늘 새로운 것에 대한 호기심이 많고 수용능력이 뛰어나 원만한 대인관계를 유지하는 동그라미도형을 부러워하기도 한다. 하지만 불규칙적이거나 엉뚱한 상상력, 개성이 강하고 개방적인 에스도형에게는 답답하고 재미없는 사람으로 비춰질 수 있다.

네모형의 적합 직업유형

교육자, 사서, 역사학자, 공학전문가, 수공예 예술가, 의상 디자이너, 조경기술자, 직업훈련교사, 회계사, 경제학자, 보험설계사, 요양보호사, 측량사, 사회과학 연구원, 번역가, 세무사, 전문비서, 문화재 보존가, 항공기 정비원, 통계연구원, 물류관리 전문가, 건축 및 토목 캐드원, 도장기조작원, 학예사, 인문사회계열 교수, 한의사, 의무기록사, 특용작물 재배자, 항공교통관, 건물청소원, 우편사무 집배원, 제사, 역무원, 철도기관사, 도예가.

에스(곡선)도형

곡선성향의 대표적인 유형이다. 틀 안에 갇혀 있는 답답함을 가장 견디기 힘들어한다. 다재다능하다. 도구나 기계를 다루는 능력이 뛰어나다. 음식에 민감한 미식가이다. 감수성이 예민하고 예술적 재능이 많다. 다른 사람의 비위를 잘 맞추며 서비스정신이 강하다. 아이디어가 많고 창의적이며 독창적이다. 사색적이며 치밀하고 섬세하다. 순수하며 밝고 명랑하게 보인다. 체계적이고 이론적인 연구보다는 순간적인 직관에 의존한다.

형상의학에서 보면 얼굴이 삼각형이거나 길게 생긴 사람을 혈과(血科)라 한다. 전체적으로 부드러운 곡선을 띠고 있으며 올라가지 못하는 모순을 가지고 있다. 안정감이 있으며 현실안주형으로 진취적인 기상이 부족하다. 혈과는 지기(地氣)가 발달해 있어서 늘 집에 있으려고 하며 먹는 것에 욕심이 많다. 혈과는 지살(地殺)을 주의해야 한다. 땅에서 나는 음식을 먹고 생기는 병을 말하는데 식중독이나 식체, 장염 등에 걸리는 것이다.

에스형의 특징

에스형 인간은 정돈된 것과는 거리가 멀다. 그들은 특별히 창조적이고, 눈부시고, 극적이고 유머가 넘친다. 그들은 모든 유형 중에 가장 다루기 힘들고 유기적이지 못하다. 그러나 그들은 주위에 가장 동기를 주는 사람이 될 수 있다. 이러한 사람들은 덜 완성된 일에 둘러싸여 있고 그들의 책상은 온통 먹다 남긴 음식과 오래된 커피 잔들로 어지럽다. 에스형 인간의 사무실에는 가족 사진이 없으며, 방문자들에게는 그들의 사무실이 혼란스러워 보일지도 모르나, 에스형 인간들은 모든 것들이 어디에 있는지 알기 때문에 그렇지 않다. 에스형 인간들은 그들 자신을 매우 독특하다고 여긴다. 에스형 인간들은 많은 짐들을 챙기지 않고서는 아무데도 갈 수 없으며, 그들은 항상 안절부절 못하고 시달리며 늘 서두른다. 에스형 인간은 항상 끊임없는 변화를 겪고, 그들은 매우 쉽게 지루해하고 사람과 전문적인 능력 모두에서 끊임없는 자극을 필요로 하는 것은 놀랍지 않은 사실이다.

창조적인 에스형 인간은 책상 뒤의 벽을 꾸밀지도 모르나 결코 그것에게 두 번 시선을 주지 않을 것이다. 유사하게, 흥미로운 에스형 인간들은 그들이 거의 읽어보지 못한 희소하고 재미있는 주제의 책들을 구매할 지도 모른다. 에스형 인간은 종종 "문서 업무는 시간낭비야!", "나는 최고의 아이디어를 얻었어!", "나는 대답에 대해서 NO를 받아들이지 않겠어!"라는 말들을 한다. 그들은 또한 그들의 의견을 다른 사람들과 나누는 것에 너무 열정적인 나머지 불량한 경청자가 되는 경향이 있다. 이것은 그들의 친구들과 동료들로부터 불평과 반감을 초래할 수 있다.

에스형 인간은 사회에서 그들이 공상을 많이 한다는 사실에 전적으로 공헌할지도 모를 "아이디어 생산자"가 되는 경향이 있다. 그들이 프로젝트에 대해 흥미를 가지면 그들은 그 프로젝트에 잘 집중할 수 있다. 그들은 또한 꽤나 변덕스럽기 때문에 괜찮은 공동 작업자가 아니며, 그들은 대개 사람들에게 진지하게 열중하지 않는다.

에스형 그들의 창조적인 선을 따라가면 에스형 인간은 아마 그들의 여가 시간에 예술적인 영화들을 즐기며 심지어 영화 클럽에 가입하기도 한다. 그들은 거의 업무를 끝내고 자유로운 사적활동을 찾아 즐긴다. 그들은 초점의 결여 때문에 에스형 인간들은 교양있는 영화에 매우 유익하지만 그들은 절대 그 영화가 순위 랭킹에서 떨어지지 않게 할 것이다. 그러나 그들은 예리한 위트가 있고 그들은 주위에 훌륭한 사람들의 파티의 삶과 영혼이다. 그러나 그들은 가끔은 오히려 긴장하며 그들을 이해하지 못하는 사람들로부터 '정신병자, 별난 사람'이라고 불릴 수도 있다.

당신은 강한 감정을 가지고 있으며 매우 기쁘거나 긍정적이고 부정적이고 우울한 두 감정을 모두 나타내는 경향이 있다. 당신이 다른 사람들에게 여러 성격으로 보이는 것은 당연하다. 때때로 당신은 유머있고 열정적이고 밝은 동료이다. 그 다음날 당신은 아마 주위를 철수하고 반사회적이 될지도 모른다. 당신에 대해 제일 잘 예측할 수 있는 것은 당신은 '예측할 수 없다'는 사실이다. 당신은 당신 주위의 사랑스러운 친구들이 필요하다. 당신은 강한 사회적 욕구를 가지고 있으며 "파티 인생"을 즐긴다. 당신은 가라오케의 무대에서 가장 먼저 나오는 한 사람이다. 당신은 타고난 만능 재주꾼이다. 당신의 유머 감각은 훌륭하지만 "이상한" 면으로 가는 경향이 있다. 당신은 가끔 당신의 친구들을 당혹스럽게 한다. 이상 세계에서, 당신은 하루 종일 일을 하지 않고 놀 것이다.

당신의 취미는 매우 많고 다양하며 항상 바뀐다. 당신은 운동선수가 아니며, 그룹 활동과 정신력 게임을 더 선호한다. 당신은 과학소설을 즐겨 읽으며 당신의 음악적 취향은 평범하지 않다. 당신은 극장을 사랑한다. 당신은 기호가 맞는 동료들과 농담하고 이야기하는 데 시간을 쓴다. 당신의 다소 엉뚱한 유머감각이 당신 스스로 어려운 문제를 쉽고 창의적으로 해결할 수 있음을 발견할 것이다. 당신은 모든 직장에 행복을 가져다준다. 당신은 사람들이 좋아하고 긍정적이며 흥미와 재미를 위해 거의 아이

같은 요구를 하곤 한다.

안정되고 작은 것에 고민하지 마라. 그리고 기억해라. 다 작은 일일 뿐이다. 당신의 본능적인 경향은 친절하고 다른 사람들을 잘 챙겨주는 것이고, 당신은 늘 사람들에게 두 번째 기회를 줄 것이다. 그러나 어떤 사람이 당신에게 충분한 시간을 주면, 당신은 결국 그 시간을 취소할 것이다. 당신은 특히 느리게 생각하는 사람과, 전체를 분석하는 것 없이 일을 결정하지 못하는 사람과는 지내기 어렵다. 당신은 네모형 인간을 싫어하는 당신의 본성을 억제해야 한다. 왜냐하면 당신은 명석하고, 신중하게 사고하는 사람이고, 매우 자발적인 사람이기 때문이다. 당신이 문제를 해결하는 것을 볼 때, 당신은 그것을 서두르기를 원할 것이다. 그러나 다른 사람들은 속도를 더 늦추는 것을 추구할 것이다. 당신은 동료들에게 종종 실망한다. 그러나 당신은 당신의 감정을 숨기기 위해 노력하며 쉽게 위장한다.

에스형의 이미지

당신의 스타일을 예측할 수 없다. 어떤 날에는 정장과 넥타이를 입고, 다음날에는 청바지와 티셔츠를 입을지도 모른다. 당신은 예술적이며 가라오케 클럽에서 노래하는 것을 즐긴다. 당신의 취향은 남모르게 기묘하다. 당신은 평범하게 누구에게나 어울리지 않는 신비의 컬러, 예술적 감성을 드러내는 보라색의 주인공이다. 예술적이고 창조적이며 영적인 신비로움을 지니고 있다. 자유분방하다. 개성이 있다. 도시적 이미지를 지니고 있어 세련되고 우아하며 귀여운 이미지를 연출한다.

에스형의 보완점

당신은 유기적이지 못하고 마감 시한과 섬세한 것에는 어려움이 있다. 당신은 탐구 능력이 없다. 당신의 사무실은 허리케인이 지나간 것 같다. 문서들은 온 바닥에 널려있다. 당신은 문서 업무, 규칙, 규정들을 몹시 싫어한다. 당신은 전통적인 관리직에는 어려움이 있고, 경영자보다는 지도자이다. 당신은 어질러 놓는 것을 좋아하고, 다른 누군가는 그것을 치운다. 당신은 완전히 캐주얼한 옷들을 선호하며 "격정적으로 타는 불꽃"이며 밝은 색들을 좋아하고 매우 예술적이며 전위적인 극장, 미술과 음악을 사랑한다. 동료들은 당신을 대단히 존경하지만, 당신은 유능하지 못한 남들을 트집 잡기 좋아하는 경향이 있어서 남들이 종종 당신을 좋아하지는 않는다. 당신은 또한 쉽게 지루해하고 변덕스러워서 인생에서 매우 실패한 인간관계를 갖게 될 수도 있다. 당신의 최고의 장기간의 조화자는 동그라미나 네모형 인간이다.

에스형의 약점

소심하여 작은 일에도 의기소침하고 쉽게 낙심하며 절망한다. 감정기복이 심하다. 이기적이고 완벽주의 성향이 강하다. 실패를 두려워하여 새로운 일을 계획하고 추진하는데 어렵다. 성숙되지 못하면 비판적이고 부정적인 면을 보인다. 한번 서운한 감정이 들면 오래 지속된다. 질투심과 복수심이 강하다. 피해 의식이 강하다. 타산적이고 남을 불신하는 일이 많다. 인색하다. 지나치게 꼼꼼하다. 자존감이 낮다.

보완점

너무 쉽게 좌절하거나 작은 일에 상처받지 않도록 대범해져라. 감정기복이 심한 당신의 감정을 잘 다스려야만 한다. 늘 긍정적인 면을 보도록 노력하라. 너무 신중하거나 꼼꼼하여 일 처리가 늦어지지 않게 하라. 지나치게 완벽하려고 애쓰지 말라. 실패에 대한 두려움으로 미리 포기하지 말고 적극적으로 도전해 보라.

에스형을 위한 기도

새로운 일을 시작할 때 실패에 대한 두려움으로 미리 포기하지 말게 도와주시고 담대함을 주옵소서! 실패하더라도 다시 도전하고 새롭게 일어설 수 있는 용기를 주시고, 저의 기분 상태에 따라 이기적인 모습으로 타인을 대하지 않도록 제 자신의 감정을 잘 다스릴 수 있게 도와주소서! 쉽게 낙심하거나 좌절하지 않도록 담대함을 주옵소서!

에스형의 연애법칙

늘 새로운 것에 대한 호기심이 많은 에스형은 지루함을 가장 견디기 어려워한다. 그러기 때문에 독신으로 오래도록 혼자 살던지, 여러 사람과 좋은 친구관계를 유지하기 원한다. 그렇지만 한사람과 연애 할 경우 늘 이벤트를 계획하고 즐겁게 지내기를 원하며 깜짝 파티를 즐긴다. 이런 상황에 무덤덤한 세모형이나 네모형이라면 도무지 이해하기 어려워 결별을 선언하기에 이를 수 있다. 그러나 당신이 에스형이라면 무계획적이고 자유롭고 독특한 개성을 참아줄 수 있는 상대가 많지 않음을 인정하고 그들의 기분과 요구를 청취할 필요가 있음을 명심하라. 나와 다른 에스형을 이해하기 위해서는 에스형의 내면적인 욕구와 계획되지 않은 무절제함을 어느 정도 수용할 준비가 되어 있어야 한다. 재미있고 흥미진진하며 활력이 넘치는 삶을 에스도형과 함께 계획해보라.

에스형의 성격궁합 보기

당신의 별난 행동을 참아줄 완벽한 "동그라미형" 인간을 찾지 못한다면 당신은 혼자 살게 될 수도 있다. 당신이 어떤 사람과 의미 있는 관계를 갈망할지라도, 당신이 연애에서 접근/회피 기질을 가지고 있다. 당신은 솔직하게 친밀한 당신의 능력 때문에 수많은 거절과 자신감의 부족을 경험해왔다. 당신은 그렇게 나쁜 사람이 아니다, 단지 조금 괴상할 뿐이다. 그것은 괜찮다. 안정하고 그것을 즐겨라! 평범한 것은 지루하지 않은가? 에스형의 이성에게는 개인적인 공간을 허용해주고 침묵하고자 할 때 조용하게 두어라. 지속적인 정서적 지지와 격려를 해주어라. 당신의 최고의 장기간의 조화자는 동그라미나 네모형 인간이다.

에스형의 적합 직업유형

에스형 인간들은 그들의 적소를 웹디자인과 개발에서 찾는 유형의 인간일지도 모르므로 그들의 본능적인 창조의 면은 완전한 이점이 된다. 종교인, 예술가, 연예인, 모델, 작곡가, 디자이너, 사진 작가, 회계사, 엔지니어, 컬러리스트, 인테리어 디자이너, 귀금속 및 보석 세공원, 웹 프로듀서, 게임 기획자, 회계사, 메이크업 아티스트, 코디네이터, 카지노 딜러, 제과제빵사, 조리사, 식품공학 기술자, 심리치료사, 이공학계열 교수, 물리학자, 수학자, 음악치료사, 로봇연구원, 정보보호 전문가, 가상현실 전문가, 영상 및 녹화 편집 기사, 은행원, 세무사, 보안프로그램 개발원, 베타테스터, 변리사

◎ 나의 도형심리 특성 이해하기

(   ) 도형

장점 :

1) _____

2) _____

3) _____

약점 :

1) _____

2) _____

3) _____

보완점 :

1) _____

2) _____

3) _____

보완하기 위한 행동실천전략 :

1) _____

2) _____

3) _____

나의 도형심리 특성에 맞는 직업 및 진로 찾기 : 5가지

1) _____

2) _____

3) _____

4) _____

5) _____

6. 기질로 보는 자기분석

히포크라테스는 기원전 4세기경 고대 그리스의 의사이자 철학자이며 기하학자로서 의학사의 가장 중요한 인물 중 하나로 평가받고 있다. 그는 의학을 철학적으로 접근하였으며 인체를 전체, 즉 유기체로 간주하였는데 인체의 각 부분들을 포괄적인 개념 속에서 이해하고 분할된 각 부분들이 전체적인 구조 안에서 파악되어야 함을 연구결과로 보여주었다. 인체의 생리나 병리(病理)에 관한 그의 사고방식은 체액론(體液論)에 근거한 것으로써 인체는 불·물·공기·흙이라는 4원소로 되어 있으며 인간의 생활은 그에 상응하는 혈액(blood), 점액(phlegm), 황담즙(黃膽汁, yellowbile), 흑담즙(黑膽汁, black bile)의 네 가지 것에 의하여 이루어진다고 생각하였다. 이들 네 가지 액(液)의 조화(調和)가 보전되어 있을 때를 그는 '에우크라지에(eukrasie)' 라고 불렀고, 반대로 그 조화가 깨졌을 때에는 '디스크라지에(dyskrasie)' 라 하여 이때에 병이 생긴다고 주장하였다. 그로부터 약 500년 후에 그리스의 의사 갈렌(Galen)은 기원후 200년경 히포크라테스의 체액론에 근거하여 인간의 기질(temperament)을 다혈질(sanguine), 우울질(melancholic), 담즙질(choeric), 점액질(phlegmatic)로 구분하고 이에 대한 장단점을 자세히 기록해 놓았다. 이 이론은 현재까지 전해지고 있는데 유럽을 중심으로 주도적인 위치를 고수하고 있으며, 여러 가지 성격 유형별 진단도구들을 개발하는데 유용한 자료로 활용되고 있다.

　이후 팀 라헤이 목사는 자신의 저서《성령과 기질》에서 '라헤이 기질 분석' 이라는 테스트를 받은 27,000명의 사람들을 통해서 기질론이 수백 번 이상 검증되었다고 밝히고 있으며, 현재까지 이 기질론에 근거한 유용한 저서와 다양한 테스트가 개발되고 있다. 팀 라헤이 목사에 의하면 인간의 기질은 한 가지로만 형성되기보다는 여러 가지 기질이 복합적으로 나타나는 경우가 대부분이며 혼재되어 있는 비율에 따라 다소 다른 유형의 성격으로 분류될 수 있다. 팀 라헤이 목사는 그 가운데서 상대적으로 우세한 1차 기질과 2차 기질을 조합하여 12가지 기질로 분류하고 아래와 같이 설명하고 있다.

12가지 기질 조합표

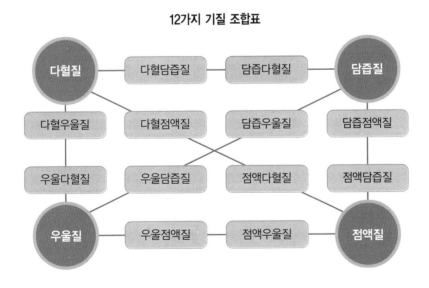

참조 : 《성령과 기질》팀 라헤이. 생명의 말씀사

7. 기질 진단

기질 테스트

※ 다음 문항 중에서 자신(배우자)을 나타내고 있는 표현에 ∨해 주세요

	대중적 다혈질		역동적 담즙질		완벽주의 우울질		평온한 점액질	
1	생동감 있는		모험적인		분석적인		융통성 있는	
2	쾌활한		설득력 있는		끈기 있는		평온한	
3	사교적인		의지가 강한		희생적인		순응하는	
4	매력 있는		경쟁심이 있는		이해심 많은		감정을 억제하는	
5	참신한		능력이 비상한		존중하는		삼가는	
6	신나는		독자적인		민감한		수용하는	
7	장려하는		긍정적인		계획하는		참을성 있는	
8	충동적인		확신하는		계획을 따르는		과묵한	
9	낙천적인		솔직한		질서 있는		포용력 있는	
10	재담이 있는		주관이 뚜렷한		신실한		응답하는	
11	즐거운		겁 없는		섬세한		외교적인	
12	명랑한		자신감 있는		문화적인		안정된	
13	고무하는		독립적인		이상적인		거슬리지 않는	
14	표현하는		단호한		몰두하는		정색하고 농담하는	
15	쉽게 어울리는		행동가		음악을 좋아하는		중재하는	
16	말하기 좋아하는		성취하는		사려 깊은		관대한	
17	열정적인		책임을 지는		충성스러운		듣는 자	
18	무대형의		지도력이 있는		조직적인		만족한	
19	인기있는		생산적인		완벽을 추구하는		편안한	
20	활기있는		담대한		예의바른		중도적인	

	대중적 다혈질		역동적 담즙질		완벽주의 우울질		평온한 점액질	
21	허세부리는		권세를 부리는		숫기 없는		무표정한	
22	규율이 없는		동정심이 없는		용서하지 않는		열정이 없는	
23	중언부언하는		거스리는		분을 품는		상관하지 않는	
24	건망증이 있는		노골적인		까다로운		두려워하는	
25	중간에 끼어드는		성급한		자신감이 없는		결단력이 없는	
26	예측할 수 없는		애정표현이 없는		인기 없는		관계하지 않는	
27	되는대로 하는		완고한		불만스러운		망설이는	
28	방임하는		교만한		염세적인		단조로운	
29	쉽게 분노하는		논쟁이 좋아하는		자신을 격려하는		목표가 없는	
30	피상적인		자만하는		부정적인		안일한	
31	칭찬을 바라보는		일벌레		뒤로 물러서는		염려하는	
32	말이 많은		무례한		과민한		소심한	
33	무질서한		지배하는		낙담한		확신이 없는	
34	일관성이 없는		관대하지 못한		내성적인		무관심한	
35	어지르는		조종하는		우울한		중얼거리는	
36	과시하는		고집 센		회의적인		느린	
37	시끄러운		주장하는		외로운		게으른	
38	산만한		성미가 급한		의심이 많은		나태한	
39	침착하지 못한		경솔한		양심이 깊은		마지못해 하는	
40	변덕스러운		약삭빠른		비판적인		타협하는	

가장 많은 점수를 합계하여 자신의 기질을 확인한다.

8. 기질별 성격특성

대중적 다혈질
역동적 담즙질
평온한 점액질
완벽주의 우울질

다혈질

다혈질의 장점

인생을 가장 즐겁게 산다. 공동묘지를 지나면서도 휘파람을 불면서 여유만만함을 과시한다. 불쾌한 상황을 쉽게 떨쳐버린다. 쉽게 낙심하기도 하지만 낙심한 상황 가운데서도 쉽게 일어선다. '지금 여기에' 충실한 현실파이다. 골치 아픈 미래를 미리 염려하느라 오늘을 허비하지 않는다. 다른 사람의 감정을 쉽고 빠르게 읽어내며 자신의 감정에도 충실하다. 동정심이 많아 다른 사람들의 일에 발 벗고 나서다 보니 늘 주변에 사람이 많이 모인다. 처음 대면하는 사람이라도 쉽게 사귈 수 있으며 먼저 명함을 내밀어 말을 붙이는 유형이다. 다양한 사람들과 인간관계를 가지므로 대인관계의 폭이 넓은 편이며 주위 사람들을 늘 기쁘고 행복하게 해준다. 자신이나 타인에 대한 감정 표현에 솔직하다. 오 할레스비 박사는 다혈질에 대해서 "구김 없고 자발적이며 다정한 성품 때문에 사람들의 마음의 문을 연다"라고 표현할 만큼 사람들에게 호감을 준다. 새로운 일에 대한 관심이 높고 끊임없이 도전하고자 하는 열정에 지칠 줄 모른다. 변화를 수용하는 능력이 뛰어나고 새로운 유행을 이끌어가는 유행 선도파이다.

다혈질의 보완점

누구에게나 좋은 사람이라는 호평을 받지만 때로는 약속을 해놓고 어기는 경우가 많아 신뢰감을 주기 위해 노력해야 한다. 여러 가지 일을 벌려 놓기는 하지만 끝마무리가 약하다. 말을 많이 하다 보면 자연히 실수가 많기 마련! 잘못도 많지만 쉽게 인정하고 용서를 구하기도 한다. 혼자서 너무 많은 말을 하다 보니 다른 사람과 대화할 때 독선적이고 이기적인 사람으로 보일 수 있다. 끊임없이 활동을 하고 움직이지만 별 소득이 없고 일의 진전이 없다. 감정에 쉽게 흥분하므로 일의 흐름을 그르치기도 한다. 의지가 약하여 자신에게 관대하며 정서에 무척 예민하여 이성의 유혹에 넘어가기 쉽다. 남을 잘 설득하기도 하지만 남의 설득에 쉽게 넘어갈 수 있으니 충동구매에 각별히 주의해야 한다.

다혈질의 진로 및 직업적성

언변이 뛰어나고 대인관계가 좋으므로 영업직에 적합하며, 많은 사람들 앞에서 사회를 보거나 주목 받는 일을 잘 할 수 있다. 대중 예술인이나 연예인 매니저, 레크레이션 지도자 또는 대중을 설득하거나 정치적인 발언에 익숙하여 정치에 적합하며, 사람과 관계된 일을 하게 되면 즐겁게 잘 적응할 수 있다. 다른 사람을 돕는 일에 즐거움과 보람을 얻으므로 병원이나 여행가이드, 서비스 관련 직업에 적합하다.

다혈질의 쇼핑습관

다혈질은 가격보다는 감각적으로 눈에 보아서 만족할 만한 것을 고른다. 겉포장이 화려한 것에 끌리며 마지막 세일이나 한정판매라는 문구에 약하여 충동구매를 하는 이들은 계획 없는 쇼핑으로 인하여 가장 짐이 많다. 특히 변심하여 반품이나 환불이 어려운 해외여행을 갈 때 계획적인 쇼핑을 하기 위한 플랜을 사전에 세우고 구매 욕구를 절제할 수 있도록 노력해야 한다. 쉽게 구매 결정을 하는 만큼 반품이나 교환이 잦은 고객으로 다른 유형에 비해 판매하기가 쉬운 만큼 변심할 가능성도 가장 크다.

인물탐색

오프라 윈프리, 성경 속 인물 베드로

의지가 강하고 활동적이며 실용적이고 독립적이다. 도전 정신이 강하여 하고자 하는 목표가 생기면 줄기차게 밀고 나간다. 성취하고자 하는 목표가 생기면 강력하게 밀어붙여 추진해야만 직성이 풀린다. 활동을 함으로써 에너지를 충전하기 때문이다. 논쟁이 시작되면 자신의 입장을 분명히 하고 불의한 일 앞에서는 정의를 위하여 부당함과 맞서 싸운다. 어려운 상황에서 더욱 자극을 받아 힘을 내며 단호한 결단으로 어려운 상황을 극복해 나간다. '정의의 투사' 라는 칭호를 듣는 사람들의 유형이며, 과단성이 있고 결정 능력이 뛰어나며 추진력이 있어 타고난 리더 유형이다. 부당함이나 불의함을 보고 그냥 넘기지 못하고 자신이 손해를 볼지라도 남이 손해 보는 꼴을 그냥 넘길 수 없어서 먼저 앞장서는 오지랖 넓은 정의파이다. 자신이 추진하는 일에 있어서 늘 자신만만하고 성공을 확신하며 밀어붙이는 경향이 있어 타인에게 오만하다는 인상을 심어줄 수가 있다. 경쟁적이고 일 중심적이며 승부욕이 강하여 과업 지향적이다.

담즙질의 보완할 점

일 처리에 있어서 분석보다는 직관에 의하며 논리적이지만 세부사항을 등한시하여 잠재적인 위험이나 장애를 등한시하기 쉽다. 세부적인 지침에 따르기 보다는 자신의 직관에 의하여 의사결정을 내리는 경향이 있다. 타인의 정서에 민감하지 못하여 배려심이 없다는 평가를 받게 되며, 정보를 수집함에 있어서 인내를 가지고 끝까지 경청하지 못하고 중간에 말을 자르는 경우가 많다. 독단적인 의견이나 주장을 너무 강하게 드러내기 보다는 상대방에게 이야기 할 수 있는 기회를 주고 타인의 의견을 수용하는 자세가 필요하다. 늘 자신만만하게 보여서 때로는 타인에게 위압감을 주거나 거만하게 보이기도 한다. 항상 다른 사람을 조정하려 들고 나서기를 좋아하며 리더가 되어야 직성이 풀린다. 냉담하고 냉소적인 모습을 지니고 있다. 동정심이 없어 보인다. 화를 잘 내고 편견이 많다. 계산적이어서 작은 돈에 예민하고 오히려 크게 지출할 때에는 과감하게 지출하기도 한다. 다른 사람이 말 할 때 끼어들거나 중간에 말을 자른다. 너무 긴장하여 인상이 딱딱하고 굳어 보인다. 다른 사람에게 시키는 듯한 인상을 주지 말라. 다른 사람을 늘 배려하도록 노력하며 인정머리 없는 냉혈 인간으로 비춰질 염려가 있으니 타인의 정서에 민감하도록 노력하라. 자신의 결점을 인정하려 들지 않는 고집이 있으므로 자신의 실수나 잘못을 인정하고 자신에게도 단점이 있음을 고백하라.

담즙질의 진로 및 직업적성

직관이 발달하고 독창적인 아이디어가 많으며, 이성적이고 냉정한 성격으로 성형외과 의사나 치과 의사, 리더의 성향으로 최고경영자나 감독자 가시적인 생산성이 드러나는 건설현장의 현장감독이 적합하며 영업능력이나 기획능력이 탁월하고, 실용 과목의 교사, 정치와 군대에 적합한 유형이다. 비선호 직업으로서는 꼼꼼함을 요하는 회계나 세무 관련직은 피하며 단순하거나 반복 업무를 요구하는 사무직이나 연구직 그리고 타인의 정서에 깊이 공감하며 배려를 필요로 하는 상담, 서비스직을 수행하는 일이 어렵게 느껴질 수 있다.

담즙질의 쇼핑습관

　담즙질은 쇼핑을 좋아하지 않는다. 그래서 필요한 것이 있고 그것을 사고자 할 때에만 상점에 가며 한번 가게 되면 다혈질처럼 필요한 양보다 더 많이 사게 된다. 큰 금액에는 대담하게 지출을 하지만 사소한 금액을 가지고 점원과 다툼을 하거나 옳지 못하다고 생각되는 일에는 작은 금액이라도 끝까지 따진다.

담즙질의 인물탐색

　박정희 전(前) 대통령, 대처 전 수상, 힐러리 여사, 성경 속 인물 바울

차분하고 균형 잡힌 만사태평형이다. 행동이 느리고 온화하며 평온한 느낌을 갖게 한다. 관계 지향적 성향으로 주변에 친구가 많다. 유머 감각이 뛰어나 자신은 전혀 웃지 않으면서 진지한 얼굴로 천연덕스럽게 주변 사람들을 즐겁게 해준다. 다혈질처럼 드러나거나 시끄럽지 않지만 은근과 끈기가 매력인 유형이다. 그러나 다혈질이나 담즙질이 보기에는 답답하게 보이기도 한다. 어떤 사건이나 상황에 있어서 참여자보다는 관찰자 입장에서 객관적인 행동을 취한다. 이런 성향 때문에 다소 이기적이거나 방관자처럼 보이기도 한다. 그러나 결정적으로 자신의 개입이나 리더십을 요구할 때에는 유능하고 효율적인 모습을 보여주기도 한다. 책임이 주어졌을 때에는 내면에 간직되었던 훌륭한 리더십을 발휘할 수 있다.

점액질의 보완점

점액질은 어느 기질보다 느리고 만사태평한 만큼 게으름이 흠이다. 많이 움직이도록 노력해야 하며 변화에 지극히 보수적인 성향을 가지고 있으므로 변화수용을 하도록 해야 한다. 또한 점액질은 가장 이기적인 기질로서 주변 친구나 동료들에게 지나치게 인색한 사람으로 보이지 않도록 때에 따라 베풀 수 있는 기회를 자주 갖도록 해야 한다.

점액질의 진로 및 직업적성

점액질에게 가장 적합한 분야는 교육 분야이며, 사회 사업가나 상담가로서도 훌륭한 자질이 있으며, 안전한 직장을 원하며, 모험을 즐기지 않기 때문에 공직이나 지방자치단체의 공무원과 같은 안전한 직장을 선호한다. 그러나 한 가지 일에 집중하는 인내심이 뛰어나기 때문에 한 분야에서 장인기질을 발휘하는 전문가들이 많다.

점액질의 쇼핑습관

점액질은 우아하고 품위가 있으며 쇼핑을 즐기는 유형이다. 하지만 매우 검소하고 절약한다. 우유부단함 때문에 무엇을 사야 할지 잘 결정하지 못하여 머뭇거리다가 필요한 것을 충분히 구입하지 못하여 자주 쇼핑을 하게 된다. 한번 구입한 물건은 마음에 안 들어도 주인과의 다툼이 걱정되어 반품이나 환불 요구를 거의 하지 않고 집에 두게 된다. 점원들이 상품을 판매하기 가장 쉽고 편한 고객이다.

점액질 인물탐구

간디, 마더 테레사

　가장 정서적으로 예민하고 예술가적 재능이 많은 기질이다. 내향적 기질의 우울질이지만 자신의 끼를 발산하기 위해서는 대담하게 대중 앞에 서며 무대 실력을 발휘하기도 한다. 상상력이 뛰어나고 창작 활동에 능하며, 완벽주의 성향이 강하다. 이상주의자적이고 감정적이어서 밝고 명랑하다가도 쉽게 우울해지는 성향을 보여 주변에 있는 타인들로부터 변덕쟁이라는 평가를 듣기도 한다. 신중하고 깊이 생각하며, 타인의 반응이나 평가에 예민하다. 완벽성에 대한 기대 때문에 일 처리에 있어서 책임감이 강하고 충성스럽다. 앞장서서 일을 하기보다는 뒤에서 세세한 부분들까지 신경 쓰며 꼼꼼하게 챙기는 스타일이다. 새로운 일을 계획함에 있어서 너무 꼼꼼하게 신경 쓰다 보면 일 추진이 지연되기도 한다. 지능지수가 가장 높고 창의적인 유형이다. 식성이 까다로워 잘하는 맛 집, 소문난 음식점을 찾아다니거나 스스로 요리를 맛깔스럽게 해서 먹는 미식가이다. 하지만 가계부를 꼼꼼히 작성하여 필요이상의 과다한 지출을 하지는 않는다.

우울질의 약점

　자기중심적 사고가 강하여 이기적으로 보인다. 주변에 친구들이 소곤대는 모습을 보면 자신의 흉을 보고 있을 거라고 상상하며 부정적인 감정으로 의심하고 단정한다. 자기 불신이 강하며 비판적이고 부정적인 성향을 보인다. 타인의 성장을 부러워하며 심한 질투심을 느끼기도 하고 자신에게 잘못을 저지른 타인에 대한 복수심을 가슴에 품는다. 다혈질이나 담즙질처럼 겉으로 드러내어 문제를 해결하지 못하고 마음속에 숨겨둔 채 증오심과 적의를 키우게 된다. 완벽주의 성향이 강하여 완벽에 도달하지 못했을 때에는 비관적인 사람이 되고 어려운 문제에 직면하게 되면 극복하기보다는 실패에 대한 두려움 때문에 쉽게 포기해버린다. 예민한 성격으로 인해 쉽게 우울증에 빠져들기도 한다.

우울질의 진로 및 직업적성

예술가적 기질인 이들 중에는 연예인, 화가, 음악가가 많고 꼼꼼하고 신중하며 한 가지 일에 깊이 집중하는 완벽주의적인 성향으로 연구 개발 직이나 교수가 적합하다. 회계, 경리업무, 전산직에 재능을 보이고 미각이 뛰어난 이들은 식품공학이나 영양사 및 조리사에도 적합하다.

우울질의 쇼핑습관

우울질은 가격과 질을 신중하게 비교하고 잘 생각해서 결정한다. 우유부단함보다는 신중함 때문에 쉽게 결정하지 못하고 머뭇거린다. 그러나 자신에게 꼭 필요하다고 생각되는 물건을 구입하기 때문에 대체로 구입한 상품에 후회가 없는 편이다. 점원들이 가장 상품을 판매하기에 어려운 고객이기도 하다.

우울질의 인물탐구

칸트, 성경 속 인물 모세

◎ 나의 기질적 특성 이해하기

(   ) 기질

장점 :

   1)_____

   2)_____

   3)_____

약점 :

   1)_____

   2)_____

   3)_____

보완점 :

   1)_____

   2)_____

   3)_____

보완하기 위한 행동실천 전략 :

   1)_____

   2)_____

   3)_____

나의 기질 특성에 맞는 직업 및 진로 찾기 : 5가지

1) _____

2) _____

3) _____

4) _____

5) _____

매끈

　담즙질, 세모유형에게...

　꺼칠하고 모나게 굴지 말라!

　매끈매끈하게 자신을 다듬어라!

　부드럽게, 맹글맹글하게 굴어라!

질끈

　다혈질, 동그라미유형에게...

　한번 내뱉은 말은 다시 주워 담을 수 없으니

　입이 간지러워도 참고,

　보고도 못 본 척할 수 있는 사람이 되라.

　다른 사람이 나를 비난해도 질끈 눈을 감아라!

화끈!

　점액질, 네모유형에게...

　미적지근한 사람이 되지 마라.

누군가 해야 할 일이라면 내가 하고,
언젠가 해야 할 일이라면 지금 하고,
어차피 할 일이라면 화끈하게 하라.
눈치 보지 말고 소신껏 행동하는 사람,
내숭떨지 말고 화끈한 사람이 되라!

발끈

우울질기질, 에스유형에게...
오기 있는 사람이 되라.
실패란 넘어지는 것이 아니라
넘어진 자리에 머무는 것이다.
동트기 전이 가장 어두운 법이니
어려운 순간일수록 오히려 발끈하라!

모두에게 필요한 끈!

따끈! 따끈! 따끈한 끈이 되라!
따끈한 사람이 되라.
끈끈한 만남
단 한 번의 만남도 소중한 인연으로 만들어가는
끈끈한 사람이 되라
매끈, 발끈, 화끈, 질끈, 따끈함으로
질긴 사랑의 끈으로 당신의 삶이 풍요로워지도록!...

출처 : 인터넷 '참빛'

9. 도형심리 12가지 유형의 성격특성

도형심리유형검사결과 가장 높은 점수는 선천적으로 타고난 자신의 성격유형이 되며 2번째 2차 유형을 포함하여 12가지 유형으로 다음과 같이 분류 해 볼 수 있다.

12가지 도형 조합표

동그라미	동그라미 세모	세모 동그라미	세모
동그라미 에스	동그라미 네모	세모 에스	세모 네모
에스 동그라미	에스 동그라미	네모 동그라미	네모 에스
에스	에스 네모	네모 에스	네모

○△ : 동그라미세모형

두 가지 모두 외향적 기질과의 조합으로서 가장 강한 외향이다. 도형의 그림이 작고 네모 안으로 배열되어 있으면 내향적 성향을 가지고 있다. 동그라미유형의 사람관계 지향적이면서도 추진력 있고 조직적인 세모유형 조합으로 경영 능력이 탁월하며, 영업 능력이 뛰어나 빠른 성공 지향적 유형이라고 할 수 있다. 밝고 명랑하며 주도적이고 적극적인 기분파이다. 화기애애하고 자연스러운 분위기를 만들어내며 사람들과 함께 하는 일을 즐거워하고 대화하기를 선호하며 낙천적이다. 설득력이 강하고 자기주장이 강하며 다정다감하여 친화력이 훌륭한 장점이 될 수 있으나 간섭하는 경향이 있고 흥분을 잘하며 충동적이다. 말을 너무 많이 하거나 쉽게 하는 성향으로 불필요한 오해를 사지 않도록 주의하며, 자신의 의견에 지지적인 사람에게는 우호적이지만 그렇지 않을 때에는 적의를 품고 사소한 일에도 분노를 일으키기 쉽다. 심리적으로 지나친 인정욕구가 있고 그 근원에 대한 통찰이 필요하며 동그라미의 특성 중 의지가 약하고 잘못된 습관을 반복하는 약점을 세모형이 보완하므로 지도자가 되면 크게 성공할 가능성이 높고 사업가 기질이며 성경의 인물로는 베드로를 들 수 있다.

○□ : 동그라미네모형

안정적이고 차분하며 매우 진중하다. 사려 깊고 부드럽다. 온순하며 순종적으로 보이나 밝고 명랑하며 즐겁게 산다. 가끔 한마디씩 던지는 유머에 주변을 즐겁게 하며 친구가 많다. 타인과의 갈등을 피하므로 좋은 관계를 유지하며 원만한 관계를 지속시킨다. 문제 해결의 중심으로 들어가기 보다는 관찰자적 입장을 취하므로 이기적인 사람으로 보일 수 있다. 우유부단하고 자칫 수동적으로 비춰질 수 있으니 적극성을 개발할 필요가 있다. 안주하려고 한다. 소극적일 수 있다. 그림의 크기가 크거나 네모 밖으로 배열되어 있으면 외향적 성향을 가지고 있으나 차분함과 신중함을 겸하고 있다. 창의적인 역발상을 시도해보고 도전적으로 행동하라. 교사나 상담자로 적합하며 인사관리에 탁월하다. 성경의 인물로는 성경학자인 아볼로를 들 수 있다.

OS : 동그라미에스형

친절하며 다정다감하다. 다른 사람의 기쁨과 슬픔에 쉽게 동요되며 몰입하여 공감한다. 사람들과 함께 일하기를 선호한다. 직업분야에서 사람들에게 따뜻하게 대하며 친절하고 부드럽다. 그러나 완벽주의 성향으로 인하여 자신의 기대에 못 미칠 경우 심한 비난으로 타인에게 상처를 주고 자신도 스스로 고립될 수 있음을 주의해야 한다. 타인의 평가에 민감하며 감정의 기복이 크다. 인기에 관심이 많아 대중 앞에 서는 것을 좋아하여 인기 많은 교사, 강사가 많다. 다양한 분야에 관심이 많고 다재다능하다. 감정이 풍부한 이들은 예술적 감각도 뛰어나 음악가, 시인이 많고 성경의 인물로는 다윗을 들 수 있다.

△O : 세모동그라미형

도전적이고 성취 지향적이며 목표를 향해 달리는 전차와 같은 세모유형과 활발하고 명랑하며 타인들과 협력하고 조화를 이루는 동그라미유형의 조합으로 강한 통솔력을 가지고 있으며 타인에 대하여 동기부여를 잘하고 분명한 목적과 방향을 가진 카리스마 있는 지도자 유형이다. 희생적이고 솔선수범하며 앞장서서 이끌어 가기를 좋아하며 임기응변에 능하고 경영 능력이 뛰어난 타고난 사업가 유형이다. 자기주장이 강하고 독선적인 성향으로 타인의 정서에 무감각하며 냉정하고 적개심을 드러내지 않도록 주의하라. 자신감이 높고 자기주장이 강하며 지도력이 있는 반면 논쟁적이고 독단이 강하여 대인 갈등을 겪을 수 있으므로 타인의 의견을 경청하고 수용하는 자세가 필요하다. 성경의 인물로는 야고보를 들 수 있다.

△□ : 세모네모유형

성취 지향적인 세모유형의 특성과 끈기와 인내심이 강한 네모유형의 조합으로 원하는 바는 늦더라도 꾸준한 노력으로 반드시 성취해 나가며 장기계획을 달성해 나가는 타고난 행정가이다. 행동이 민첩하고 유순하며 지적인 활동에 호기심이 많다. 이성적이고 의지가 강하며 이해관계에 예민하고 자신의 실수에 대해 인정하기 어렵다. 자신이 한번 옳다고 여기는 일에 있어서 주관이 강하고 고집이 세다. 타인의 감정에 무관심하고 거리감을 가지며 피상적인 대인관계를 갖기 쉬우므로 타인의 감정 상태를 잘 살피고 배려하며 자신의 감정 또한 부드럽게 표현하는 기술을 익힐 필요가 있다. 성경의 인물로는 디도를 들 수 있다.

△S : 세모에스유형

세모유형의 빠른 추진력은 실패에 대한 두려움이 크고 망설임 많은 에스유형의 약점을 보완하여 목표 지향적이고 일에 집중하게 하며 성실하고 근면하여 한 영역에 대한 관심이 깊고 완벽주의 성향의 우울질기질로 인하여 관심 분야의 영역에서 성공 가능성이 매우 높은 전문가형이다. 타고난 달변가로서 언변에 능하고 논리적인 이들은 자신의 주장을 관찰하기 위한 논쟁을 즐긴다. 때로는 비판적인 이들의 논쟁은 과격한 집단의 독재적인 리더의 역할을 수행하며 능력이 있고 경쟁적이며 자기중심적일 수 있다. 강한 모험심으로 인하여 도박이나 투기를 조심해야 한다. 성경의 인물로는 회심하기 전 자신의 뜻을 굽힐 줄 모르는 불합리한 고집의 주인공이었던 사도 바울을 들 수 있다.

□○ : 네모동그라미유형

네모유형의 안정감과 차분함, 신중함 그리고 타인에 대하여 협력적이고 신뢰감을 주며 동그라미유형의 즐겁고 사람들을 좋아하며 붙임성 있는 다정다감함이 결합하여 가장 오랫동안 사람들과 좋은 관계를 유지하고 지속시키는 일에 능한 이들은 외교적 수완이 뛰어나다. 솔직하고 너그러우며 겸손하다. 따뜻하고 인정이 많고 자기 희생적인 이들은 교사나 상담자로 뛰어난 자질을 가지고 있다. 그러나 안정적이고 평화로운 삶을 추구하는 이들은 때때로 모험심이 부족하고 새로운 일에 대한 도전을 시도하기도 전에 포기해버릴 수 있다. 동그라미네모유형에 비해 내향적이고 소심한 이들은 보수적이며 소극적인 성향으로 인하여 두려움과 불안감에 휩싸이기 쉽고 타인과의 갈등이나 마찰을 피하므로 타인의 요구를 거절하지 못하고 타인을 즐겁게 해주려는 성향으로 인하여 스트레스 상황에 처할 수 있다. 타인과 정서적 거리를 유지하기 위해 노력할 필요가 있으며 자신의 의견이나 감정에 대하여 솔직하게 터놓고 이야기하기 위해 노력하라. 자존감이 낮고 의지가 약하여 자기 개발 의지가 낮으므로 잠재력을 개발하지 않아 성공의 기회를 놓칠 수 있다. 성경의 인물로는 부드럽고 신실하지만 소심하고 두려움 많았던 디모데를 들 수 있다.

□△ : 네모세모유형

매우 객관적이고 현실적이다. 네모유형으로 인하여 적극적인 활동을 기대하기는 어렵지만 맡겨진 일에 대해서는 책임감이 강하여 끝까지 완수하며 관계 지향적인 모임의 탁월한 리더가 되기도 한다. 소신과 고집이 강하여 타협을 허락하지 않는다. 한번 고집부리면 누구도 말릴 수 없는 고집불통이다. 불쾌한 감정이나 자신의 생각과 맞지 않을 때 이를 드러내어 표현하기 보다는 침묵으로 일관하며 반항이나 비협조적인 자세를 고수한다. 이로 인하여 이기적이거나 수동적인 사람으로 비춰질 가능성이 매우 높고 외향적 동그라미유형의 배우자는 견디기 힘들어 분통을 터뜨린다. 혼자 있는 시간을 즐기며 자신의 감정을 지나치게 억제하고 사회적 상황에서 갈등을 회피하므로 대인관계에서 적극적이고 자신의 감정을 자유롭게 표현하기 위한 자기주장성을 훈련할 필요가 있으며 점액질이 가지고 있는 깊은 두려움의 근원에 대해 성찰하고 스트레스 관리에 주의하라. 성경의 인물로는 부르심을 받고도 자신의 거처에서 떠나기를 주저하며 강한 두려움으로 인하여 위기 상황에서 자신의 아내를 두 번씩이나 누이라고 속였던 그가 믿음과 확신에 거할 때 믿음의 조상으로 불리는 아브라함을 들 수 있다.

□S : 네모에스유형

상냥하고 부드럽다. 가장 품위있고 우아한 이들은 조용하고 신중하며 완벽, 철저, 꼼꼼한 사무에 능하고 속도가 조금 늦더라도 조직적이고 효율적으로 일한다. 그러나 수동적인 성향으로 인하여 내적 동기가 낮으므로 외부적인 동기에 의해 움직이는 이들은 세모동그라미유형처럼 강한 리더의 요구에 순종적으로 자신을 의탁한다. 외부의 자극이나 동기에 의해 훨씬 더 높은 성과를 완수하며 더 큰 목표를 달성한다. 친절한 이들은 타인의 어려움을 헤아리며 지원을 아끼지 않는다. 하지만 조직에 참여하여 활동하는 일에는 부담스럽게 여기며 새로운 일에 대한 도전 의식이 낮아 자신의 재능을 드러낼 기회를 놓치거나 좋은 사업의 기회를 흘려보낸다. 이들의 약점은 두려움과 이기심이며 부정적 상황에서 강한 비판 의식과 낮은 자의식, 비굴한 태도를 보이며 완벽주의로 인하여 결벽증이나 편집증으로 나타날 수도 있다. 육체적 훈련을 통하여 에너지를 강화하고 새로운 일에 대한 도전과 낯선 집단에 소속되어 활동 범위를 넓히도록 노력하라. 성경의 인물로는 바울과 함께 전도여행에 동행했던 신실하고 부드러우며 헌신적인 바나바를 들 수 있다.

SO : 에스동그라미유형

재능이 많고 예술적 감각이 탁월하여 예술분야에 전문가들이 많다. 연주자 뿐만 아니라 연기자, 사회자, 컨트리나 포크송 발라드 풍의 가수들이 대부분 에스동그라미유형이며 신학이나 철학에 관심이 많은 에스유형과 사람에 대한 깊은 정서가 발달한 동그라미유형의 조합으로 교인들로부터 사랑받는 목회자가 되기도 한다. 감성이 풍부하여 인간관계가 매우 좋은 이들은 쉽게 감동하고 타인의 정서를 잘 헤아리다가도 쉽게 흥분하거나 쉽게 감정에 동요되기 쉬워 때로는 상대방을 당황스럽게 하기도 하며 심한 감정기복을 드러내기도 한다. 스스로 소외감이나 타인으로부터의 거부감을 느끼며 외로움에 빠지거나 사람들로부터 떠나 회피상황에 빠진다. 현재 하고 있는 일이 만족스럽지 못할 경우 쉽게 포기하거나 실패에 대한 두려움으로 자격증이나 시험을 보는 일에 도전하기 어려워 미리 포기해 버리기 쉽다. 성경의 인물로는 위기의 순간을 견디기 힘들어 차라리 죽기를 기도했던 엘리야를 들 수 있다.

S△ : 에스세모유형

창조적이고 완벽하며 신중함과 꼼꼼함의 에스도형과 강한 추진력의 세모도형의 조합은 여러 분야에서 두각을 나타내게 한다. 세모도형의 강한 추진력과 의지는 에스도형의 연약한 약점을 보완하므로 예술, 문화, 스포츠 분야에 있어서 리더 역할을 감당하며 세밀한 부분까지도 일일이 챙기며 철저한 사전 준비에 능한 이들은 조사에 대한 정확성을 요구하는 법률, 의학 분야에 적합하고 사무나 행정에도 철저한 업무능력을 발휘한다. 자신이 중요하게 여기는 가치 있는 일이라면 의욕을 가지고 시도하며 조직의 설립자가 되기도 한다. 세모도형의 분노 성향으로 자기 학대나 증오심 또는 타인에 대한 비난으로 자신뿐만 아니라 타인에게 상처를 줄 수 있으며 위기를 겪게 되는 상황을 수용하지 못하고 남을 원망하거나 복수심을 마음에 품게 되는데 타인에 대한 수용과 개방성, 여유와 너그러움을 필요로 한다. 성경의 인물로는 바울의 선교여행을 꼼꼼히 기록하여 남긴 의사 누가를 들 수 있으며 대표적인 지도자 모세를 들 수 있다.

S□ : 에스네모유형

가장 내향적 성향을 가지고 있다. 조용하고 신중하다. 사려 깊다. 양심적이다. 지나치게 꼼꼼한 반면 일의 속도가 너무 느리다. 정확한 셈을 잘하는 이들은 수학분야에 우수한 인재가 많고 회계학, 의학, 과학 분야에 뛰어난 인재들이다. 그러나 자존감이 낮은 이들은 자신의 능력을 과소평가하거나 미래에 대한 불확실함에 대해 좌절하고 불안해하며 두려워한다. 내적갈등으로 인해 신경성 질병의 우려가 있으므로 긴장을 풀고 여유를 가질 수 있는 여가 활동에 집중하라. 성경의 인물로는 감수성이 예민하고 타인에 대한 배려가 깊어 예수님의 모친 마리아를 맡겼으며 위대한 교회 지도자이며 신약성경의 요한복음과 요한계시록의 저자이기도 한 사도 요한을 들 수 있다.

- ○△ : 가장 외향적, 기분파, 영업 능력, 경영 능력 탁월, 도전적, 간섭, 흥분 잘함
- ○□ : 안정적, 부드럽고 순종적, 강한 소속감, 밝고 명랑함, 수동적, 거절하는 법 개발
- ○S : 다양한 분야에 관심, 다재다능, 감정 기복이 크고 인기에 관심이 많다.

- △○ : 리더십이 강하고 능동적이며 도전적, 늘 즐겁다, 인정 욕구가 강하고 임기응변 능함
- △□ : 장기계획, 행정가, 지적 호기심, 성실함, 자기 원하는 바 성취, 끈기, 인내심
- △S : 목표 지향적, 한 영역에 대한 관심 깊어 성공 가능성 큼, 모험심 강함

- □○ : 외교적 수완에 능함, 지혜 및 지식 겸비, 겉은 보수성, 모험심 부족, 수동적
- □△ : 객관적 및 현실적, 냉정함, 성취능력, 맡은 일 완수, 소신과 고집이 강하다.
- □S : 품위 있고 우아함, 신중 철저 꼼꼼, 완벽주의, 소속감 욕구 강함

- SO : 타고난 예술적 감각 탁월, 예술 분야 전문가와 리더, 감성적 이며 인간관계 좋음
- S△ : 창조적 기획력, 추진력, 예술, 문화, 스포츠 분야의 리더
- S□ : 가장 내향적, 완벽한 마무리 강점, 내적 갈등으로 혼란스러움, 스트레스관리 주의

완전도형

완벽한 인간은 지구상에 단 한 사람도 없다. 인간이기에 늘 불완전하고 부족하다. 그러나 나이가 들어 갈수록 끊임없는 성찰과정 속에서 자신의 부족한 부분을 개선하고 성숙한 인격과 성품을 갖추게 되면 각 도형의 특성에서 나타나는 약점보다는 강점, 장점이 더욱 드러나 타인으로부터 존경받는 삶을 살아가게 될 것이다.

건강한 성인의 성격이란

- 성숙한 성인은 자기 외의 사람 및 활동에 자아감을 확장한다.
- 친밀감, 애정, 인내를 보이며 타인과 따뜻하게 관계한다.
- 자기 수용과 정서적 안정감을 가진다.
- 현실적 지각과 개인적 기술을 개발하고 일에 매진한다.
- 자기에 대한 이해와 통찰, 유머감각 및 자기 객관화
- 미래 목표로 성격을 지향하게 하는 통합된 철학을 갖는다.

– Allport, 1961

10. 도형심리와 컬러심리

도형심리 상담의 가장 큰 장점은 짧은 시간 안에 그린 도형을 가지고 빠르게 해석하며 의미 있는 상담으로 연결될 수 있다는 것이다. 이러한 경우 대부분 상담을 시작하기 전에는 내담자에 대한 사전 정보가 거의 없는 상태인데 이 때 간단하고 편리하게 내담자에 대한 추가 정보를 수집하는 방법으로 도형을 그리기 전에 선호하는 컬러를 선택하게 하는 방법이 있다. 진행 방법은 4개의 도형 중에서 좋아하는 도형을 선택하여 그릴 때에 자신이 가장 선호하는 색연필로 그리게 하는 것이다. 여러 가지 색연필을 섞어서 그리거나 한 가지 색연필로만 그리는 경우가 있는데 도형과 선호하는 컬러심리를 결합하여 해석해 줄 수 있다. 필자는 내담자의 성격에 대한 정보를 짧은 시간 안에 빠르게 수집하기 위한 방법으로 컬러심리와 사상체질을 매우 유용하게 사용하고 있다.

도형의 형태에 대한 인식은 논리적이고 이성적인 좌뇌를 통하여 결정되고 색에 대한 인식은 감정이나 창조력, 직감과 연결되어 있는 우뇌가 결정한다. 우리의 생활 속에서 색은 강력한 영향을 미치고 있다. 괴테에 의하면 색채는 인간의 감정에 즉각적인 영향을 미친다고 하였으며, 칼 융도 색채의 상징적인 힘을 믿고 환자들의 치료에 색을 사용하여 무의식적인 정신을 표출하게 하므로 의식과의 통합을 이루고자 하였다. 스위스 로

잔 대학의 심리학 교수인 막스 러셔(Max Luscher)는 '러셔 색채심리검사'를 활용하여 색채와 성격과의 상관관계를 설명하였으며 허만 로르샤하(Hermann Rorschach)는 성격을 진단하는 심리투사방법 중의 하나인 로샤잉크검사를 개발하여 인간 내면의 정신적, 정서적인 특징들을 파악하면서 심리치료 및 상담의 도구로 널리 활용되고 있다.

이처럼 색채심리는 성격을 파악하는데 중요한 도구로 사용되고 있는데 필자 역시 개인 상담을 통하여 도형심리와 색채심리가 높은 상관관계를 가지고 있음을 알 수 있었다.

동그라미도형의 사람들은 다혈질적이고 관계 지향적이며 열정적인 빨강을 선호하는 경우가 많았고, 세모도형의 사람들은 이성적이고 논리적이며 강한 추진력과 힘을 과시하는 파랑색을 선호하고, 네모도형의 사람들은 차분하고 신중하며 안정적이고 평화를 선호하는 초록색을 선호하였다. 반면 에스도형의 사람들은 창의력과 아이디어가 많고 예술적 재능이 많으며 영적 신비감의 컬러인 보라색을 선호하는 경향이 많다는 사실을 발견할 수 있었다.

동그라미 유형의 사람이 빨강색을 선택하였을 경우 다혈질의 외향적이고 밝고 활발하며 명랑한 성격일 가능성이 높지만 초록색의 컬러를 선택하였을 경우는 내향적이고 차분하며 이타적이고 안정적인 것을 선호하는 성격의 사람일 것으로 추측해 볼 수 있다. 물론 도형의 크기도 함께 고려되어야 한다.

아래에 내담자가 선택한 컬러심리에 대해 간략하게 정리해 보았다.

빨강

빨강색은 따뜻하고 자극적이며 왕성한 활동과 강한 의지력, 동기부여와 정열을 상징한다. 애정이 풍부하고 자유로우며 새로운 출발, 희망과 같은 의욕적인 적극성의 상징이다. 원초적인 에너지의 왕성함과 욕망, 강한 추진력의 장점을 가지고 있는 반면 고집스럽고 격렬한 화와 분노심, 원망하는 감정을 진정시킬 수 있어야 한다. 분홍색과 배색되면 순수하고 보라색과 빨강이 배색되면 유혹적으로 느껴진다. 그러나 검정색과 배색되면 공격적이고 폭력적인 부정적 느낌을 주게 된다. 빨강색의 치료 효과는 혈액 순환을 향상시키며 헤모글로빈을 생성시키도록 도우므로 빈혈이나 감기 치료에 효과적이다.

주황

주황색은 빨강과 노랑의 요소를 함께 가지고 있으므로 빨강보다 융통성 있고 건설적이며 창의력과 자신감, 낙천적이며 노랑보다 안정감 있어 즐겁고 경쾌하다. 기쁨과 활력을 나타내며 즐거움, 만족스러움, 따뜻함, 건강, 온화함, 광명, 풍부함, 타인과의 대화 욕구를 가지고 있으며 긍정적인 삶의 태도를 보인다. 사교성이 좋아 혼자 있기를 꺼려하고 외향적인 사람들이 많다. 그러나 지나친 자신감은 고압적이고 거만해보이며 과시하려는 성향으로 보일 수 있다. 주황색이 노랑색, 빨강색과 배색되면 즐거움을 나타내며 초록색과 배색되면 향기를 내뿜는 에너지가 된다. 빨강과 노랑의 혼합색인 주황은 혈액 순환을 촉진하고 신경계와 호흡계에 영향을 미치며 임산부나 수유부에게 필요하며 비장과 신장질환, 기관지염, 변비치료에 효과적이다.

노랑

노랑색은 명랑하고 쾌활하다. 희망, 광명, 유쾌함, 환희, 지혜로움, 이성적인 논리에 바탕을 둔 판단력을 장점으로 가지고 있다. 그러나 아동의 경우 대부분 노란색을 선호하는데 표면상 명랑하고 사교적으로 보이지만 유아적 상태에 머무르고자 하는 의존적인 경향이 있다. 노랑색이 부정적으로 작용하면 속임수, 기만, 지배욕과 복수심, 질투심과 시기심 등 부정적인 정서로 파괴적인 행동을 유발할 수 있음을 명심해야 한다. 배설작용을 도와주고 임파선계의 활동을 활발하게 한다. 신장과 간을 자극하고 당뇨병에 효과적이다.

초록

초록색은 평안함, 평화, 고요, 안정, 정직, 책임과 성실함, 베풂, 지성, 소박함, 봉사와 희생을 상징한다. 파란색과 흰색이 함께 있으면 심리적 안정감을 준다. 파란색과 노란색과 함께 있으면 희망을 나타내고 빨간색과 함께 있으면 건강한 이미지를 갖게 한다. 인간에게 가장 친밀한 색으로서 인간의 이상과 평화를 상징한다. 초록색을 선호하는 사람들은 충격적인 상황에 인내심을 발휘하며 자기 감정을 잘 조절할 수 있고 신중한 태도를 보이다보니 내향적인 성향으로 보이고 때로 우유부단하거나 자기 감정을 표현하는 일에 어려워한다. 약점으로는 무관심, 냉담, 소심함, 이기심, 침체에 빠진다. 긴장을 완화하고 진정시키는 효과가 있으므로 불안 치료에 좋으며 세포 조직에 영향을 주므로 종기 치료에 효과적이고 천식이나 기관지염, 가슴 답답함, 협심증에 효과적이다.

청록

청록색은 신중함, 민첩성, 변화수용, 융통성, 너그러움, 자유를 상징한다. 약점으로는 혼란과 무질서, 미숙함, 고립감 등으로 나타난다. 면역체계에 영향을 미치며 피부 트러블, 여드름, 만성 피부염에 효과적이지만 활력 수준이 저하되어 있을 경우에는 권하지 않는 것이 좋다.

파랑

파란색은 정신적 성숙함, 명상, 절제, 집중력, 젊음, 믿음, 신뢰, 성실, 영원, 헌신을 상징한다. 파란색이 초록색, 빨간색과 혼합되면 호감을 준다. 자기 탐구와 정화, 치유의 에너지를 가지고 있으며 내적성장과 지적인 활동을 나타낸다. 약점으로는 우울, 차가움, 의심, 비현실성, 게으름, 나태로 나타난다. 긴장 완화와 진정 효과를 주는 파란색은 열기와 염증을 완화시키며 긴장성 두통이나 스트레스성 통증, 후두염, 인후통, 생리통에 효과적이다.

보라

보라색은 빨간색과 파란색의 혼합색이다. 고상하고 품위가 있으며 우아함, 신비, 직관, 비전, 예술성을 상징하며 보라색을 선호하는 사람들은 섬세하고 예술분야에 재능이 뛰어나며 약점으로는 건망증, 인내심 부족, 고독과 공허함, 오만함, 비현실적인 이상주의로 나타난다. 뇌하수체의 기능에 영향을 미치므로 뇌진탕, 간질, 신경정신 질환에 효과적이며 눈, 귀, 코 치료에 도움을 주고 신경통에 효과적이다.

마젠타

　헌신, 노력, 감사, 성숙함, 온화함을 상징하며 약점으로는 속물 근성이나 거만함으로 나타난다. 교감 신경계를 자극하므로 두통이나 만성피로에 효과적이며 혼란한 정서 상태에 있을 때 온화함으로 진정시켜준다.

11. 도형심리와 대인관계

　다른 사람과의 관계는 자기 자신을 알 수 있는 사회적 거울과 같다. 대부분의 사람들과 좋은 관계를 형성하고 있는 사람들을 보면 그만큼 자신에 대해 만족스럽고 자존감이 높으며 생동감 있고 긍정적 에너지를 가지고 있다. 반면에 사람들 사이에서 늘 갈등을 불러 일으키며 좋지 못한 관계로 인하여 스트레스를 가지고 있는 사람들은 부정적 자아상을 가지고 있으며 끊임없이 타인에 대한 비난과 원망, 불평에 지배당하고 있다. 그러나 정작 자신만은 이런 사실에 대한 객관성을 인식하지 못하고 있기 때문에 늘 자신의 주변과 상황, 타인이 문제라고 생각하며 타인의 변화를 기대하지만 자신이 먼저 변하기 전에 그런 상황은 결코 오지 않으며 그대로 가다가는 평생을 외롭고 고독하게 세상을 살아갈 수 밖에 없게 된다. 밖으로 뛰쳐나가 다른 사람을 바꿔 놓기보다는 자신의 생각과 가치, 그리고 나쁜 습관들을 점검해보고 확인하고 고쳐가도록 노력함이 훨씬 빠르고 현명한 방법임을 자각할 필요가 있다. 그런 노력이 뒤따른다면 당신은 주위 사람들과 자연스럽게 좋은 관계를 이루어 나갈 수 있음을 경험하게 될 것이다.

　세상 사람들이 나를 어떻게 대하는가는 자기 자신에게 달려있다. 자신이 상대방에게 서운한 점이 있다면 상대방도 당신에게 서운한 점이 있을지 모르며, 상대방이 당신을 화나게 했다면 무언가 당신이 상대방을 화나게 하지 않았는지 뒤돌아 볼 일이다. 이렇듯 관계는 늘 상대적이다. 내가 상대방에게 친절하고 부드럽게 대했다면 상대방도 정상적인 인간이라면 당신의 친절과 따뜻한 배려에 감사할 것이며 그에 대응한 친절로 응하게 될 것이다.

뛰어난 사람들은 자신을 파악하는 능력을 동원하여 다른 사람으로부터 사랑받는 법을 배우고 익히며 좋은 인상을 주기 위한 이미지 관리를 하게 될 것이다. 그러기 위해서는 우선 당신에게 가장 솔직한 조언을 해 줄 수 있는 친구에게 정직한 평가를 받을 수 있는 기회를 마련하라. 술을 사거나 멋진 식당에서 맛있는 음식을 대접하며 자신에 대한 평가를 듣도록 하라. 한 명에게만 하지 말고 객관적인 정보를 얻기 위해 최소 3명 이상의 친구로부터 동일한 답을 얻은 점에 대해 분석하라. 나쁜 점, 개선해야 할 점에 대해서만 묻지 말고 솔직하게 칭찬해주고 싶은 장점에 대해서도 이야기해달라고 요청하라. 이 세상 어떤 사람도 장·단점은 다 가지고 있으니 부끄럽거나 민망해하지 말기를 바란다. 단점은 보완하도록 노력하고 장점은 더욱 강화하기 위한 전략을 세우라.

키슬러(Kiesier)에 따르면 사람들은 자기만의 독특한 성격이나 대인관계의 유형이 있으며 그런 특성은 일관성 있게 지속된다고 하였다. 크게 힘의 차원 지배-복종의 차원과 친밀성의 차원, 친화-냉담의 차원으로 구분하였다. 이를 8가지 유형으로 세분화하여 지배형, 실리형, 냉담형, 고립형, 복종형, 순박형, 친화형, 사교형으로 보았는데 아래 표와 같다.

키슬러(Kiesier)의 대인관계 양식

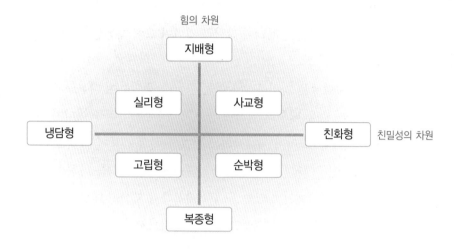

키슬러(Kiesier)의 대인관계 양식의 원형구조 (권석만. 2005. p461)

네 가지 도형의 대인관계 양식을 보면 키슬러의 8가지 양식에 있어서 동그라미 유형은 사교형과 친화형, 세모도형은 실리형과 지배형, 네모도형은 친화형과 순박형, 에스도형은 냉담형과 복종형의 대인관계 양식에 대체로 분포되어 있다.

자신의 대인관계 양식을 점검해보고 타인에게 비춰지는 자신의 대인관계 형태를 인식하고 자신의 강점과 보완점을 유념하여 성숙된 관계 형성을 위해 노력하는데 참고가 되길 바란다.

도형심리와 키슬러의 8가지 대인관계 양식에 대한 결과를 살펴보면 다음과 같이 정리해 볼 수 있다.

동그라미형 - 사교형, 친화형

세모형 - 현실형, 리더형

네모형 - 친화형, 순박형

에스형 - 이성형, 순종형 등으로 비교적 다수의 사람들에게서 나타났다.

키슬러(Kiesler)의 대인관계 8가지 유형 진단지

자신의 성격이나 대인관계를 잘 나타내는 적절한 숫자에 ∨ 표시 하여 주십시오.

① 전혀 그렇지 않다 ② 약간 그렇지 않다 ③ 상당히 그렇다 ④ 매우 그렇다

문항	전혀 그렇지 않다 ↔ 매우 그렇다				문항	전혀 그렇지 않다 ↔ 매우 그렇다			
1. 자신감이 있다	①	②	③	④	21. 온순하다	①	②	③	④
2. 끼가 많다	①	②	③	④	22. 단순하다	①	②	③	④
3. 강인하다	①	②	③	④	23. 관대하다	①	②	③	④
4. 쾌활하지 않다	①	②	③	④	24. 열성적이다	①	②	③	④
5. 마음이 약하다	①	②	③	④	25. 지배적이다	①	②	③	④
6. 다툼을 피한다	①	②	③	④	26. 치밀하다	①	②	③	④
7. 인정이 많다	①	②	③	④	27. 무뚝뚝하다	①	②	③	④
8. 명랑하다	①	②	③	④	28. 고립되어 있다	①	②	③	④
9. 추진력이 있다	①	②	③	④	29. 조심성이 많다	①	②	③	④
10. 자기자랑을 잘한다	①	②	③	④	30. 겸손하다	①	②	③	④
11. 냉철하다	①	②	③	④	31. 부드럽다	①	②	③	④
12. 붙임성이 없다	①	②	③	④	32. 사교적이다	①	②	③	④
13. 수줍음이 있다	①	②	③	④	33. 자기주장이 강하다	①	②	③	④
14. 고분고분하다	①	②	③	④	34. 계산적이다	①	②	③	④
15. 다정다감하다	①	②	③	④	35. 따뜻함이 부족하다	①	②	③	④
16. 붙임성이 있다	①	②	③	④	36. 재치가 부족하다	①	②	③	④
17. 고집이 세다	①	②	③	④	37. 추진력이 부족하다	①	②	③	④
18. 자존심이 강하다	①	②	③	④	38. 솔직하다	①	②	③	④
19. 독하다	①	②	③	④	39. 친절하다	①	②	③	④
20. 비사교적이다	①	②	③	④	40. 활달하다	①	②	③	④

키슬러(Kiesler)의 대인관계 8가지 유형에 대한 채점

각 유형별 문항에 대한 응답을 아래의 칸에 합산하세요. 그리고 자신의 점수를 ●표로 표시하고, 점수들을 연결하여 팔각형을 그려보세요.

팔각형의 모양이 중심으로부터 특정 방향으로 기울어진 형태일수록, 그 방향의 대인관계 양식이 강하다고 해석합니다. 이 결과는 자신의 대인관계에 대하여 주관적으로 지각한 것일 뿐이므로, 고정관념을 갖지 않도록 유의해야 합니다.

리더형 (1, 9, 17, 25, 33) ＿＿＿＿＿＿＿＿　　실리형 (2, 10, 18, 26, 34) ＿＿＿＿＿＿＿＿

냉담형 (3, 11, 19, 27, 35) ＿＿＿＿＿＿＿＿　　고립형 (4, 12, 20, 28, 36) ＿＿＿＿＿＿＿＿

충성형 (5, 13, 21, 29, 37) ＿＿＿＿＿＿＿＿　　순박형 (6, 14, 22, 30, 38) ＿＿＿＿＿＿＿＿

친화형 (7, 15, 23, 31, 39) ＿＿＿＿＿＿＿＿　　사교형 (8, 16, 24, 32, 40) ＿＿＿＿＿＿＿＿

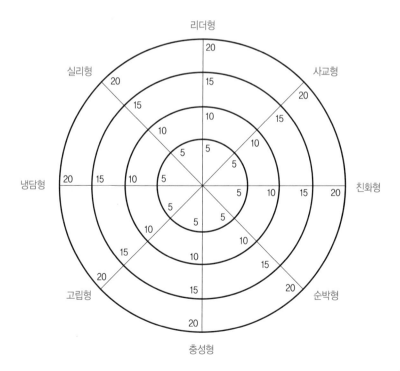

키슬러(Kiesler)의 대인관계 8가지 유형에 대한 해석

지배형

자신감이 높고 자기주장이 강하며 지도력이 높아 주변 사람들에게 영향력을 행사한다. 논쟁적이고 독단적인 행동으로 인하여 대인 갈등을 겪을 수 있기 때문에 타인의 의견을 적극적으로 경청하고 수용하는 자세를 훈련해야 한다.

실리형

이해관계에 있어서 매우 예민하며 목표 지향적이고 성취 지향적이다. 경쟁적이며 자기중심적이고 타인에 대한 관심이나 배려가 부족하게 보여지므로 타인의 입장에서 생각하고 배려하며 타인에 대한 관심과 감성적 접근이 필요하다.

냉담형

매우 이성적이고 의지가 강하다. 타인의 감정에 무관심하고 독립적이며 거리감을 유지하고 피상적인 대인관계를 갖는다. 타인의 감정에 민감하고 자신의 감정을 긍정적이고 부드럽게 표현하는 기술이 필요하다.

고립형

혼자 조용히 있거나 혼자 일하는 것을 선호한다. 사람이 많은 곳을 피하며 사회적 상황을 회피하고 자신의 감정을 지나치게 억제한다. 대인관계의 중요성을 인식하고 사회적 훈련을 강화하며 낯선 사람을 대하는 일에 대한 두려움의 원인을 성찰해보고 주변 사람들과의 친밀한 관계 형성을 위하여 노력해야 한다.

복종형

타인의 의견이나 요구를 잘 듣고 따른다. 수동적이고 의존적이며 자신감이 없고 자기주장이 약하고 자기 존중감도 낮다. 적극적인 자기 표현과 자기주장 훈련이 필요하며 자기 의견이나 감정, 생각에 대해 적극적으로 표현하기 위한 훈련을 강화하라.

순박형

단순하고 솔직하며 너그럽고 겸손한 경향이 있으나 자기 주관이 부족하고 자기주장이나 자기 존중감도 낮은 편이다. 깊고 신중하게 생각하며 자기주장을 강화하라.

친화형

따뜻하고 인정이 많으며 자기 희생적이다. 타인의 요구를 거절하지 못하며 늘 타인을 즐겁게 하기 위해서 지나치게 노력한다. 관계를 위해 지나치게 자기 시간을 많이 할애 한다. 타인과의 정서적 거리를 유지하기 위해 노력하라. 자신이 준 것 만큼 받기를 기대하면 늘 혼자 속상하고 상처받기 쉽다.

사교형

외향적이며 활발하고 명랑하다. 사람을 좋아하여 늘 많은 사람들과 대화하기를 즐긴다. 타인에 대한 관심이 많다보니 남의 일에 간섭이 많고 감정적으로 흥분을 잘하며 충동적이다. 타인으로부터 인정받고자 하는 욕구가 강하다. 이성적이고 객관적이며 독립적인 성향을 개발할 필요가 있다.

호나이의 부적응적 대인관계

호나이는 갈등을 경험한 아이는 사람들과의 관계에서 바람직한 관계를 형성하기 어렵고 강박적인 특징을 보인다고 하였으며, 일생 내내 지속되기도 하는데 이러한 부적응적 대인관계 형태를 1) 순응적 대처방식 2) 회피적 대처방식 3) 공격적 대처방식으로 분류하였으며, 긍정적 대인관계 형태를 4) 포용적 대처방식으로 분류하였다.

호나이의 부적응적 대인관계 형태에 있어서 각 도형별 심리가 아래와 같이 나타났다.

순응적 대처방식

순응적(moving toward) 대처방식은 자신의 의사를 정확하게 표현하기 어려워하며 솔직하게 화를 내기 어렵다. 겉으로는 친화적인 사람으로 보이지만 타인을 기쁘게 함으로써 관심과 애정을 받고자 하며 자신을 기꺼이 희생한다. 태음인 체질이면서 도형에 있어서 네모도형의 사람들은 가장 순응적 대처방식의 대인관계 형태를 취하는 경향이 있다. 그러나 태양인이면서 네모도형의 사람들은 확실한 의사 표현과 활발한 외향적 성향을 드러내지만 매사에 꼼꼼하고 신중한 면을 나타내며 공격적 대처방식을 사용하기도 한다.

회피적 대처방식

회피적(moving away) 대처방식은 다른 사람들과 친밀한 관계를 형성하고 싶은 욕구는 강하지만 외부로 드러내지 않고 타인으로부터 거부에 대한 두려움을 가지고 거리감을 유지하며 협소한 관계를 형성한다. 소음인 체질이면서 에스도형의 사람들은 회피적 대처방식의 대인관계 형태를 가장 많이 취하는 유형이다. 서운함이나 못 마땅한 일이 있을 때에는 반드시 그 기회를 놓치지 말고 대화로서 해결하고 넘어가야 한다. 그렇지 않으면 어느 순간에 갑자기 등을 돌리거나 쌓인 오해를 풀지 못하고 멀어지게 된다. 상대방은 무엇 때문에 갑자기 멀어지게 되었는지 그 원인을 모를 수 있다. 그러나 소양인이면서도 에스도형일 경우 공격적 대처방식이나 포용적 대처방식을 취하는 경우가 종종 있으며 감정기복이 심하여 주위 사람들에게 매사에 변덕이 심한 사람으로 비춰질 수 있음을 유의해야 한다.

공격적 대처방식

공격적(moving against) 대처방식은 대인관계에서 충돌을 일으키게 되며 경쟁적인 모습으로 비춰지고 자신과 타인을 통제하거나 지시하려는 성향으로 나타난다. 태양인 체질이면서 세모도형의 사람들은 종종 공격적 대처방식의 대인관계 형태를 취하게 된다. 자신의 강한 자기주장으로 주변 사람들에게 위압감을 줄 수 있으므로 이를 유의하여 타인의 주장이나 의견을 존중하고 타인의 감정을 세심하게 배려하는 주의가 필요하다. 그러나 태음인 체질이면서 세모도형의 사람들은 자신의 우유부단함과 결여된 의사결정 능력을 오히려 보완할 수 있는 기능을 가지게 된다. 마찬가지로 소양인 체질의 사람이 세모도형일 경우 태양인과 비슷하게 의협심이 강하고 불의나 비합리적인 일을 그냥 넘기지 못하고 자신이 손해를 볼지라도 앞장서서 지도력을 발휘하며 정의감으로 인하여 주변 사람들과의 관계가 깨어지는 공격적 대처방식을 취하게 된다. 그러므로 자신이 하고자 하는 일이 얼마나 가치있는 일인지, 뚜렷한 목적이 무엇인지 먼저 살펴본 후에 일을 진행시키는 것이 무엇보다 중요한 일이다.

포용적 대처방식

포용적(moving around) 대처방식은 자기가 원하는 것과 상대방에 대하여 올바로 인식하고 자신과 상대방이 모두 만족할 수 있는 길을 모색하며 적응적이고 기능적인 대처방식을 사용함을 말한다. 소양인 체질이면서 동그라미형 사람들이 가장 많이 사용하는 대인관계 형태이다. 타인에 대한 배려심이 많고 수용적이며 사람을 좋아하여 주변에 사람이 많다. 그러나 다혈질적인 성급함으로 순간의 감정을 절제하지 못하여 분쟁이 발생될 수 있으므로 유의해야 한다. 그러나 내향적인 소음인 체질이면서 동그라미형의 사람들은 좀 더 적극적으로 자기 표현을 할 수 있도록 노력해야 한다. 순응적 대처방식을 사용하는 사람들은 자기주장 훈련과 거절하는 훈련 등 자신의 의사를 정확히 드러내는 훈련들을 통하여 포용적 대처방식을 사용할 수 있도록 해야 하며, 공격적 대처방식을 사용하는 사람들은 지나친 자기주장을 하지 않도록 주의하며, 합리적이고 올바른 의사 표현과 완곡하고 정중하며 부드러운 접근을 통하여 포용적 대처방식 훈련이 필요하다. 또한 회피적 대처방식을 사용하는 사람들은 타인과의 관계에 있어서 서운함이나 불쾌감 등에 대한 자신의 정서나 감정을 솔직하게 표현하고 나타냄으로써 불필요한 오해가 생기지 않도록 주의하고 타인에게 친밀감으로 다가서기 훈련을 통하여 포용적 대처방식을 훈련할 수 있다.

나는 어떤 대처방식을 사용하고 있는지 알아보자

1. 비현실적인 것을 요구하였거나 당신이 원하던 것을 얻지 못했을 때 마음이 상한 적이 있었는가? 그 때 당신의 상황을 기술하여 보라.

2. 자신이 하고 싶지 않음에도 불구하고 상대방에게 거절하지 못하여 동의했던 적이 있었는가? 그 때 당신의 상황을 기술하여 보라.

3. 자신이 지닌 옳고 그름의 판단 기준에 맞지 않는 일을 상대방이 했을 경우 그 사람을 심하게 비난했던 적이 있었는가? 그 때 당신의 상황을 기술하여 보라.

4. 자존심이 상했던 적이 있었다면 언제, 어떤 상황이었는가? 그 상황에 대해 기술하여 보라.

---

12. 도형심리와 의사소통

의사소통은 자신과 상대방과의 가치를 재는 척도이며 정보를 전달하는 수단이다. 성장과정 중에 습득된 의사소통 방법은 학습된 습관으로 몸에 배이게 된다. 가족들과의 일상생활 가운데 이루어지는 의사소통 방식에 의해 내재화되고 그것은 사회생활로 이어지게 되며 성공적인 의사소통을 잘 사용할 줄 아는 사람은 사회활동에 높은 만족감과 적응력을 보이지만 반면에 의사소통에 어려움을 경험하는 사람들은 대인관계에 갈등을 초래하거나 직장생활에 부적응을 드러내기도 한다. 그러나 사티어(Satir)는 우리가 자신에게 감사하고 자신을 사랑할 때 새로운 에너지가 생성되며 우리가 원하기만 하면 충분히 변화시킬 수 있다고 하였다. 인간은 늘 성장하고 발전하기 위한 욕구를 가지고 있으며 이러한 욕구들을 충족시키기 위한 자원과 에너지를 가지고 있다. 그러므로 성장과 변화는 계속해서 이루어진다.

성공적인 의사소통을 잘 할 수 있으려면 과거의 잘못된 습관으로부터 해방되고 자신과 다른 사람에 대한 차이점과 유사점을 인정하고 새로운 규칙과 습관을 개발하며 성공적으로 잘 극복할 수 있으리라는 자신감과 자신에 대한 자존감을 높이 가질 때 부정적인 요소들을 긍정적인 요소로 변화시킬 에너지를 가지게 된다.

의사소통에 있어서 대표적인 이론으로 사티어(Satir)는 인간의 모든 행동은 의사소통이 될 수 있으며 "인간 사이에 오가는 모든 것을 덮어주고 영향을 미치는 거대한 우산"이라고 언급하면서 의사소통이 단순히 메시지만 전달하는 언어적인 측면에만 머물러 있는 것이 아니라 사람이 말할 수 있는 능력, 신체, 내면의 가치들, 과거 경험으로부터 기대되는 것을 포함한 오감 등 비언어적 의사소통이 절반 이상 메시지를 전달하게 된다고 보았다. 특히 가족치료의 이론가인 사티어(Satir)는 개인의 의사소통 유형은 가족 간의 상호작용에서 바람직하지 못한 의사소통을 하는 부모에 의해 학습되어 성인에 이르기까지 지속된다고 보았다. 그러나 역기능적으로 학습된 의사소통은 재학습을 통하여 기능적 의사소통인 일치형으로 변화가 가능하다고 보았으며, 스트레스가 심할 때 자기방어를 위하여 자기 존중감에 위협을 느낄 때 역기능적인 의사소통을 사용하게 된다고 보았다. 역기능적 의사소통은 회유형, 비난형, 초이성형, 산만형의 형태로 나타나며, 회유형은 호나이(Homey)가 말하는 순응적 대처방식을 주로 사용하며, 산만형은 회피적 대처방식과, 비난형은 공격적 대처방식을 사용하고 가장 적응적이고 기능적인 의사소통은 일치형으로 나타나며 대인관계 양식에 있어서 포용적 대처방식을 주로 사용한다.

사티어 의사소통 유형검사

▶ 다음 문항들을 읽고 현재 자신에게 적절하다고 생각되는 문항에 체크하세요.

1. 나는 상대방이 불편하게 보이면 비위를 맞추려고 노력한다. ( )
2. 나는 일이 잘못되었을 때 자주 상대방의 탓으로 돌린다. ( )
3. 나는 무슨 일이든 조목조목 따지는 편이다. ( )
4. 나는 생각이 자주 바뀌고 동시에 여러 가지 행동을 하는 편이다. ( )
5. 나는 타인의 평가에 구애받지 않고 내 의견을 말한다. ( )

---

1. 나는 관계나 일이 잘못되었을 때 자주 내 탓으로 돌린다. ( )
2. 나는 다른 사람들의 의견을 무시하고 내 의견을 주장하는 편이다. ( )
3. 나는 이성적이고 차분하고 냉정하게 생각한다. ( )
4. 나는 다른 사람들로부터 정신이 없거나 산만하다는 소리를 듣는다. ( )
5. 나는 부정적인 감정도 솔직하게 표현한다. ( )

---

1. 나는 지나치게 남을 의식해서 나의 생각이나 감정을 표현하는 것을 두려워한다. ( )
2. 나는 내 의견이 받아들여지지 않으면 화가 나서 언성을 높인다. ( )
3. 나는 나의 견해를 분명하게 표현하기 위해 객관적인 자료를 자주 인용한다. ( )
4. 나는 상황에 적절하지 못한 말이나 행동을 자주 하고 딴전을 피우는 편이다. ( )

5. 나는 다른 사람이 내게 부탁을 할 때 내가 원하지 않으면 거절한다. ( )

---

1. 나는 다른 사람들의 얼굴 표정, 감정, 말투에 신경을 많이 쓴다. ( )
2. 나는 타인의 결점이나 잘못을 잘 찾아내어 비판한다. ( )
3. 나는 실수하지 않으려고 애를 쓰는 편이다. ( )
4. 나는 곤란하거나 난처할 때는 농담이나 유머로 그 상황을 바꾸려 하는 편이다. ( )
5. 나는 나 자신에 대해 편안하게 느낀다. ( )

---

1. 나는 타인을 배려하고 잘 돌보아주는 편이다. ( )
2. 나는 명령적이고 지시적인 말투로 상대가 공격받았다는 느낌을 줄 때가 있다. ( )
3. 나는 불편한 상황을 그대로 넘기지 못하고 시시비비를 따지는 편이다. ( )
4. 나는 불편한 상황에서는 안절부절 못하거나 가만히 있지를 못한다. ( )
5. 나는 모험하는 것을 두려워하지 않는다. ( )

---

1. 나는 다른 사람들이 나를 싫어할까 두려워서 위축되거나 불안을 느낄 때가 많다. ( )
2. 나는 사소한 일에도 잘 흥분하거나 화를 낸다. ( )
3. 나는 현명하고 침착하지만 냉정하다는 말을 자주 듣는다. ( )
4. 나는 한 주제에 집중하기보다는 화제를 자주 바꾼다. ( )
5. 나는 다양한 경험에 개방적이다. ( )

---

1. 나는 타인의 요청을 거절하지 못하는 편이다. ( )

2. 나는 자주 근육이 긴장되고 목이 뻣뻣하며 혈압이 오르는 것을 느끼곤
한다. ( )

3. 나는 나의 감정을 표현하는 것이 힘들고 혼자인 느낌이 들 때가 많다. ( )

4. 나는 분위기가 침체되거나 지루해지면 분위기를 바꾸려 한다. ( )

5. 나는 나만의 독특한 개성을 존중한다. ( )

---

1. 나는 나 자신이 가치가 없는 것 같아 우울하게 느껴질 때가 많다. ( )

2. 나는 타인으로부터 비판적이거나 융통성이 없다는 말을 듣기도 한다. ( )

3. 나는 목소리가 단조롭고 무표정하며 경직된 자세를 취하는 편이다. ( )

4. 나는 불안하면 호흡이 고르지 못하고 머리가 어지러운 경험을 하기도
한다. ( )

5. 나는 누가 나의 의견에 반대하여도 감정이 상하지 않는다. ( )

1번	2번	3번	4번	5번

　*각 단락의 번호별로 개수를 합하였을 때 가장 많은 문항이 자신의 의사
소통형이 된다.

　　1번 : 회유형

　　2번 : 비난형

　　3번 : 초이성형

　　4번 : 산만형

　　5번 : 일치형

사티어(Satir)의 역기능적 의사소통의 형태로 표출되는 회유형, 비난형, 초이성형, 산만형에 대하여 자세히 살펴보면 다음과 같다.

회유형(placating Stance)

회유형(placating Stance)은 상대방을 존중해야 한다는 생각 때문에 자기 감정이나 생각을 무시하고 타인의 비위를 맞추려고 하는 의사소통 유형으로 다른 사람의 의견에 반대할 경우 생기게 될 나쁜 상황을 미리 염려하므로 상대방에게 쉽게 동조하며 자신의 힘을 다른 사람에게 넘기고 순종적으로 대처한다. 사소한 것에도 지나치게 미안해하며 변명하고 일이 잘못되어가는 상황에 대해 자신이 모든 책임을 져야하는 것처럼 생각하고 마땅히 비난받아 마땅하다고 여긴다. 자기 내면의 감정이나 가치에 대해 무시하고 존중하지 않으므로 자기 존중감이 매우 낮다. 주로 네모도형의 성격특성에서 많이 나타나게 된다.

회유형의 반응특성

"자기"를 무시함

언 어 : 동의
　　　 "다 내 잘못이다."
　　　 "네가 없으면 난 아무것도 아니다."
　　　 "나는 너를 행복하게 하기 위해 존재한다."

정 서 : 구걸

　　"나는 어떻게 할 수가 없다."

　　변명하는 표현과 목소리

　　비굴한 신체적 자세

　　지나치게 착하고 의존적인 태도

행 동 : 의존적 순교자

　　지나치게 친절하게 행동함

　　사죄하고 변명하고 우는 소리를 자주함

　　구걸하고 모든 것을 주려함

내적경험 : 자신을 비하한다.

　　"나는 아무 가치가 없다."

　　자아 가치감의 결핍

심리적 증상 : 우울증, 신경과민, 걱정, 자살 경향, 자멸적인 태도

신체적 증상 : 위장장애, 구토, 편두통, 변비, 피부병

자원 : 돌봄, 양육적인 태도, 예민성

비난형(blaming Stance)

　비난형(blaming Stance)은 회유형과는 정반대의 유형이다 완고하고 독선적이며 흑백논리가 강하고 명령적이고 지식적으로 군림하고자 하여 상대방을 무시하는 모습을 보인다. 자신의 약한 내면을 보호하고자 하는 목적으로 다른 사람들의 말이나 행동을 비난하며 통제하고 외부의 환경을 탓한다. 회유형의 사람들이 자신을 타인에게 굴복시키는 반면 비난형

의 사람들은 타인의 잘못을 찾아내어 비난하는 행동을 함으로써 힘 있고 강한 사람으로 인식하며 자신이 중요한 존재가 된 것처럼 여긴다. 외적으로 강하게 보이지만 회유형의 사람들처럼 내면적으로 외로움을 느끼고, 자기 자신에 대해 무가치하다고 생각되는 것을 숨기기 위해 다른 사람들의 잘못을 찾아내어 강하게 비판하고 비난하게 된다. 자기주장이 강하고 하고 싶은 말을 참지 못하고 직선적인 표현을 잘 하는 세모도형의 사람들과 다혈질의 사람들에게서 역기능일 경우 많이 나타난다.

비난형의 반응특성

"다른 사람"을 무시함

언 어 : 논쟁, 불일치

　　　"너는 아무것도 제대로 하지 못해."

　　　"뭐가 문제라는 거야?"

　　　"모든 것은 네 잘못이야."

정 서 : 비난

　　　"내가 최고야."

　　　분노가 치민다.

　　　다른 사람을 무시하고 싶다.

행 동 : 공격

　　　심판하는 자세

명령, 지배하기

힘이 있어 보이는 자세

약점 발견

경직성

내적경험 : 소외감

성공적이지 못한

부자연스러움

통제결핍 / 무기력함

타인에게 보이는 자신에게 초점을 맞춤

심리적 증상 : 편집중, 이탈행동, 폭력, 반사회적 특성, 분노, 반항

신체적 증상 : 근육 긴장과 등의 통증, 고혈압 등 혈액순환장애, 관절염, 천식

자원 : 자기주장성, 지도력, 에너지

초이성형(super-reasonable Stance)

초이성형 super-reasonable Stance)은 매사에 합리적이고 이성적이며 지나치게 상황에 대하여 분석하고 기능적인 면을 강조하기 때문에 자신이나 타인의 실수를 인정하지 않고 냉정하며 다른 사람을 신뢰하지 않고 권위적이며 경직되어 있다. 다른 사람의 감정을 무시하고 객관적인 규칙이나 합리성 그리고 옳은 것만을 중요하게 여기며 자료와 논리에 근거한 의사소통을 한다. 그러나 내면적으로는 쉽게 상처받고 소외감을 느낀다. 감정이 아닌 상황에 초점을 맞추며 언제나 옳다고 여기는 자신의 이성적

이고 냉정하며 원칙 중심적인 성향에 대하여 자랑스럽게 여기기까지 한
다. 이런 점에서 많은 사람들에게 초이성형의 의사소통이 바람직하게 여
겨진다는 점에 대해 사티어는 매우 안타깝고 유감스러움을 나타내었다.
비난형과 마찬가지로 매사에 분석적이고 논리적이며 합리적인 세모도형
의 사람들에게서 역기능일 때 많이 나타나며 담즙질과 태양인에게서 많
이 나타난다.

초이성형의 반응특성

"자신과 다른 사람" 무시

언어 : 지극히 객관적
      "사람은 지적이어야 한다."
      규칙과 옳은 것에 관한 자료 사용
      추상적인 단어 사용
      정확하고 논리적인 설명
정 서 : 완고, 냉담
      "사람은 어떤 희생이 있어도 냉정하고 조용하고 침착해야 한다."
      경직된 자세
      다른 사람에 대한 고자세
행 동 : 권위주의적인 행동
      경직, 원칙론적 행위
      행동을 합리화

조작적, 의도적, 강제적

내적경험 : 소외감, 예민함

"나는 상처받기 쉽고 고립된 느낌이다."

자신감의 결핍

통제결핍 느낌

감정을 느낄 수 없음

심리적 증상 : 강박증, 우울증, 반사회적, 사회적으로 위축, 지나치게 긴장

신체적 증상 : 건조성 질병, 피부병, 점액 임파 조직의 질병, 심장마비 등의 통증, 암

자원 : 지식, 세부 사항에 주의 집중, 문제 해결하기

산만형(irrelevant Stance)

산만형(irrelevant Stance)은 갈등이나 문제가 발생한 상황을 해결하고자 하는 의지보다는 초점 없는 말을 하거나 위선적이며 문제 해결 능력이 결여되어 있다. 정서적으로 매우 혼란스럽고 산만한 태도를 보이며 엉뚱하고 생각이 자주 바뀌고 하나의 주제에 집중하지 못하고 다른 사람의 말이나 행동을 무시하고 현재 문제의 상황에서 관심을 분산시킴으로 자신의 생존의미를 둔다. 내면적으로는 자신을 걱정해주는 사람이 없다고 여겨 매우 고독하며 스스로 무가치하다고 여긴다. 동그라미 도형과 에스도형의 사람들에게서 역기능적으로 나타나는 현상을 주로 볼 수 있다.

산만형의 반응특성

"자기, 다른 사람, 상황"을 무시

언어 : 관계없는 단어 사용

　　　의미가 통하지 않는다.

　　　이야기에 요점이 없다.

　　　계속해서 주제를 변경한다.

정 서 : 혼란스러움

　　　"나는 실제로 여기에 있는 것이 아니다."

　　　계속해서 움직인다.

　　　소외감과 공허감

행 동 : 산만함

　　　부적절한 행동

　　　지나치게 활동적임

　　　다른 사람의 이야기에 끼어들어 중단시킴

내적경험 : 자기 존중감 결핍

　　　"아무도 상관하지 않는다."

　　　"균형이 없다."

　　　통제결핍 느낌

　　　진짜 감정을 보일 수 없음

　　　소속감이 없음

심리적 증상 : 혼돈됨, 부적절함, 우울증, 학습불능, 타인의 권리 침해

신체적 증상 : 중추신경계 장애, 위장장애, 어지러움, 당뇨, 편두통

자원 : 창조성, 자발성, 융통성, 유머

일치형(congnent Stance)

일치형(congnent Stance)은 가장 효율적이며 적응적인 의사소통 방식을 취한다. 역기능적 의사소통이 비언어적 메시지와 언어적 메시지가 일치하지 않는다는 점에 있다면 일치형의 의사소통은 언어적, 비언어적으로 일치한(congnent) 의사소통을 한다. 4가지 역기능적 의사소통은 목소리와 몸이 다른 이중 메시지를 사용하고 있다면 반면에 일치형은 내면과 외부로 드러나는 의사소통이 동일하다. 다른 사람과 관계를 형성할 때 모든 상황을 고려하여 반응하는 효율적인 의사소통을 한다고 볼 수 있다. 그렇기 때문에 일치형의 사람들은 생동감이 넘치며 창조적이고 유능하며 다른 사람들을 수용함에 있어서 개방적이고 융통성 있는 태도를 지닌다. 그러나 사티어는 일치형의 의사소통이 매우 비현실적으로 보여짐에 대하여 우려하면서 일치형의 사람들도 위 4가지 역기능적인 의사소통 방식을 전혀 사용하지 않는 것은 아니라는 점을 인정한다. 회피형처럼 타인에 대해 자신의 감정을 드러내지 않고 회피하거나, 초이성형이나 비난형처럼 비난하고 지나치게 객관적이며 이성적이기도 하고, 산만형처럼 초조하고 불안해하며 산만하기도 하지만 일치형의 사람들이 4가지 역기능적인 유형과 다른 점은 자신들의 의사소통 방식과 결과에 대하여 충분히 인식하고 있으며 자신에게 자유롭고 타인에 대해 개방적이며 대인관계에 있어서 전체적으로 균형과 조화를 이루고 자신에 대해 높은 자기 존중

감을 가지고 있어서 자신을 사랑할 줄 아는 사람들이라고 사티어는 말한다.(정문자, 사티어 경험적 가족치료)

도형에 있어서 동그라미유형의 사람들은 대인관계에 있어서 가장 원만하고 사람과의 관계를 중요하게 여기며 주변에 적이 없고 빠르게 친근감을 형성하여 낯선 사람에게도 쉽게 다가서므로 긍정적인 일치형의 반응을 보일 가능성이 높다. 세모유형이나 네모, 에스유형의 성숙한 사람들도 이와 마찬가지로 일치형의 의사소통양식을 사용하기 위해서는 생활양식가운데 관계와 소통방식에 있어서 어떤 태도가 습관화 되어 나타나는가는 매우 중요한 일이다.

일치형의 반응특성

'자기, 다른 사람, 상황' 을 모두 중시

언 어 : 일치

　말의 내용과 신체 자세, 목소리의 음조, 내면의 느낌이 모두 일치함

　말이 감정들을 자각하고 있음을 나타냄

　타인의 말에 귀를 기울임

　개방적이며 모든 것을 공유함

정 서 : 일치

　정서의 표현과 말이 일치함

　자유로운 표현

생동하고 자신감 있음

창의적이고 균형이 있음

행 동 : 일치, 조화

창조적이고 생동적임

개성이 드러남

유능하고 자신감 있음

자신의 행동에 책임을 진다.

내적경험 : 조화, 균형, 감사

심리적 영향 : 건강함, 진실함

신체적 영향 : 좋은 건강상태

자원 : 높은 자존감, 전인성, 자신과 타인을 돌봄

사티어는 4가지의 부적응적 의사소통은 어렸을 때부터 부모에 의해 학습을 통하여 형성되어 성인에 이르렀으므로 새로운 학습을 함으로 가장 바람직한 형태의 일치형 의사소통이 가능해짐에 대하여 언급하였다. 뿐만 아니라 유아기의 5세~6세는 어린이의 자존감이 전적으로 가족에 의해 형성되고 일생을 통하여 중요하게 영향을 미치게 되는데 현재 낮은 자존감을 재학습을 통하여 변화시킬 수 있다는 가능성을 전제하고 있다. 사티어는 "당신은 언제나 새로운 것을 배울 수 있으므로 당신의 생활을 바꿀 수 있는 희망은 늘 있으며 인간은 일생을 통하여 성장하고 변화할 수 있다. 변화가 가능하다는 것을 알고, 변화하기를 희망하는 것, 그 두 가지가 변화의 첫 걸음이다"라고 하였다.(버지니아 사티어, 사람만들기. 2005,

최영실. 재인용)

사티어는 4가지의 역기능적 의사소통에 대해서도 의사소통이 발생되는 상황적 맥락에서 이해하게 되면 자아 존중감의 위협으로부터 자신을 방어하고 대처하기 위하여 발생될 수 있음을 명시하고 있다. 이처럼 스트레스 상황에서 비롯되는 의사소통을 병리적이거나 부정적인 역기능적 의사소통으로 단정 짓기보다는 이를 통하여 상황에 따라, 대상에 따라 현명하고 올바른 의사소통 방법을 익히기 위한 학습 목표로 인식하고 끊임없는 노력으로 올바른 의사소통 습관을 갖기 위해 노력해야 할 것이다. 다음 각 도형에 따라 자신의 의사소통 방법에 있어서 수정하거나 향후 보완해야 할 점에 대하여 점검해 볼 필요가 있다.

세모도형의 사람들이 대인관계에 있어서 타인을 비난하지 않으면서도 자기주장을 할 수 있도록 도우며 자신의 내적 공허감을 자기 인정과 다른 사람에 대한 수용으로 발전시키고자 노력한다. 자신의 지적능력과 이성적 사고를 타인에 대한 애정으로 바라 볼 때 감정에 대한 가치를 개발시키며 타인의 의견을 경청하도록 노력하고 타인에 대하여 부드럽고 따뜻한 관계 형성을 위해 노력할 때 일치형의 의사소통이 가능해진다.

네모도형의 사람들이 자신에 대하여 자아 존중감을 높이고 '자기'를 중시함과 동시에 타인을 존중하고 자기 감정이나 의사 표현에 있어서 개방적이고 융통성을 발휘할 수 있도록 자기주장성을 높이기 위해 끊임없이 노력하면 '자기'에 대한 상처 없이 동시에 '타인'을 존중하는 일치형의 의사소통이 가능해진다.

에스도형의 사람들이 자신뿐만 아니라 다른 사람과 상황에 대하여 이성적이고 분석적이며 객관적인 사고를 유지하기 위해 노력하며 지나치게 완벽해지고자 하는 이상주의가 불안과 두려움을 갖게 하므로 상황에 대한 융통성을 갖게 하고 정서적 불안정으로 인한 감정기복을 잘 다스릴 수 있도록 이성적이고 객관적인 사고를 유지하기 위해 노력한다면 일치형의 의사소통을 사용함으로 대인관계에 있어서 바람직한 관계 형성을 유지할 수 있게 된다.

동그라미형의 사람들은 너무 많은 시간을 사람관계에 집중하거나 이야기하는 일에 소비되지 않도록 하며 누구에게나 좋은 사람으로 보이기 위해 노력하는 것을 자제할 필요가 있다. 지나치게 인기에 집착하지 말고 이미 한 약속을 잘 이행하기 위해서는 반드시 메모하는 습관을 가지고 곤란한 상황에서는 거절하는 법을 배우라. 그리하여 언어적, 비언어적 메시지가 일치할 수 있는 의사소통 훈련을 하도록 노력할 필요가 있다.

키슬러의 대인관계 양식과 사티어(Satir)의 의사소통 방식을 표로 나타내면 다음과 같다.

키슬러의 대인관계 양식과 사티어 의사소통방식

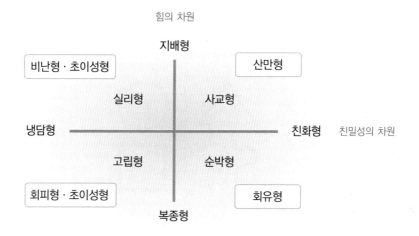

키슬러(Kiesier)의 대인관계 양식과 사티어(Satir) 의사소통방식

필자는 개인 상담을 통하여 키슬러와 호나이의 대인관계 양식과 사티어의 의사소통 방식에 도형심리를 적용하여 다음과 같이 분류해볼 수 있었다. 동그라미유형이지만 크기가 작고 작은 네모 안에 위치할 때 내향적 기질특성을 가질 가능성이 높으므로 오히려 에스유형의 특성과 유사한 점들을 가지고 있음을 볼 수 있었다.

이를 근거로 각 도형의 대인관계와 커뮤니케이션 방식의 유사한 점들을 정리해보면 다음과 같다.

키슬러의 대인관계 양식＋사티어 의사소통방식＋도형심리

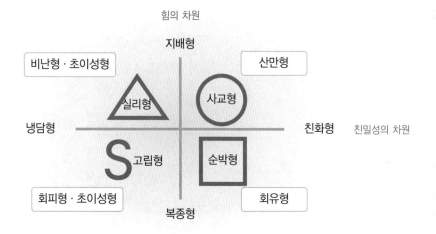

키슬러(Kiesier)의 대인관계 양식, 호나이의 대인관계 대처방식, 사티어(Satir) 의사소통방식, 도형심리

동그라미 - 일치형(친화형, 사교형, 지배형)

세모 - 비난형, 초이성형(실리형, 지배형, 냉담형)

네모 - 회유형(순박형, 복종형, 친화형)

에스 - 회피적 산만형(고립형, 냉담형, 복종형)

13. 도형심리와 핵심정서

　머리만 좋은 사람보다는 머리는 조금 부족할지라도 자신의 감정을 때에 따라 잘 관리할 수 있을 뿐만 아니라 타인의 정서에 민감하며 감정을 잘 읽고 그에 맞춰 좋은 인간관계를 가질 수 있는 능력을 갖추고 있는 사람이 훨씬 더 성공 가능성이 높다고 한다. 이처럼 자신과 타인의 정서를 읽고 감정을 통제할 수 있는 정서지능 EQ(emotional quotient)의 중요성에 대해서 미국의 평론가인 Golman의 주장을 반대할 사람은 21세기를 살아가는 사람이라면 아마 아무도 없을 것이다.

　정서심리학자들에 의하면 사람이 가지고 있는 각 정서마다 성격 특성에 영향을 주게 된다고 하는데 정서란 선천적으로 유전되며 후천적인 환경이나 상황에 의해 학습되는데, 장기간에 걸쳐 일관성 있게 나타나는 특정한 정서는 인지와 행동에 영향을 주며 반복되는 패턴에 따라 특정 행동으로 표현되고 이는 곧 한 개인의 성격 특성으로 드러나게 된다. 또한 정서는 행동과 인지 뿐만 아니라 동기에도 영향을 미친다고 하였으며 그 범위는 개인을 비롯하여 대인관계까지 영향을 미친다.

　정서심리학에서 보면 긍정적인 정서는 외향성과 관련되고 부정적인 정서는 신경과민성과 관련이 있다는 것을 발견하였으며(Watson & Clark, 1992) 내향성을 가진 사람들의 특정 정서는 불안감과 우울감이다. 우울할 때 슬픔이나 분노를 함께 동반하기 쉽고 수동적인 행동경향이 나타나며 비관적인 사고를 동반하는 이들은 내향적인 성격과 관련이 깊을 것이라는 연구 결과들이 있다. 외향적인 사람들은 낙천적이고 많은 사람들과 함께 있는 것을 즐거워하며 부끄러움과는 역관계를 갖는다고 하였다(Izard et al, 1992). 이처럼 동일한 상황에서 행복과 불행에 대해 느끼는 정서 역시 개인의 성격 특질과 관련이 있으며 사건을 다르게 해석하는 시각에서 기인한다고 볼 수 있다.

각 도형유형별 성격에 따른 개인의 정서를 이해하므로 자신의 내면정서에 민감함과 동시에 사회적 관계에서 타인의 정서를 수용하고 행동경향을 예측함으로 그에 따른 자신의 행동을 적절하게 조절할 수 있고, 더욱 깊은 이해를 동반하는 관계 형성에 도움을 줄 수 있을 것이다.

필자는 도형 유형별 성격 특성과 정서에 있어서 동그라미와 세모도형의 특성은 외향적이며 적극적이고 능동적인 자기 주도성이 강한 성향의 사람들이라면 네모도형과 에스도형의 사람들은 내향적이고 수동적이며 표현이 적고 혼자 있기를 선호하며 조용하고 신중하며 꼼꼼한 성격 특성을 가지고 있으며 그들의 정서 특징을 다음과 같이 분류해 볼 수 있다.

도형유형	긍정적 정서와 성격 특성	부정적 정서와 성격 특성
동그라미	열정, 기쁨, 즐거움	불안, 외로움, 슬픔, 그리움
세모	도전, 열정, 추진력, 대담함	경쟁심, 화, 분노, 적개심, 억울함
네모	평화, 안정, 여유	부담감, 두려움, 불안
에스	창조성, 명랑, 자상함	질투, 무기력, 허무, 불안

도형심리와 핵심감정 찾기

핵심감정이란 동서심리상담연구소의 김경민 소장에 의하면 한 사람의 행동과 사고와 정서를 지배하는 중심 감정으로서 이 감정은 주요 대상으로부터 사랑받고 싶고 인정받고 싶은 욕구가 좌절되었을 때 주로 일어나는 감정이라고 말한다. 끊임없이 자기가 원하고 바라는 모습으로 살기를 원하지만, 자신도 모르게 과거 자신의 방식을 반복하게 되는데 현재에 살아 있는 과거 감정의 뿌리를 발견하고 부적절한 가짜 감정으로부터 자유로워져서 지금, 여기에 살게 하는 과정이라고 말한다.

도형심리에 있어서 선호하는 1차 도형의 유형과 크기, 위치에 따라 가장 깊은 내면정서가 표현된다. 기질적 특성에 있어서 도형의 유형에 따라 드러나는 정서가 다를 수 있으며 자신의 욕구가 좌절되었거나 사람이나 환경, 상황으로부터 받은 생활 사건의 충격으로 인한 상처가 부정적 정서로 내재되어 나타날 수 있다. 자신의 부정적 정서를 정직하게 현실적으로 인식하고 수용하며 성찰함으로 수정해 나가고 긍정적인 정서와 에너지는 자기 성장의 기반이 되도록 강화해 나가야 한다.

핵심감정 찾기

  평소 나의 행동과 느낌을 말해주는 항목에 해당하는 모든 것에 체크하는 것입니다.

1. (   )개

대인관계	위축되어 있다	긴장되어 있다	
	요구를 못한다	거절을 못한다	
가족관계	집에서는 파 김치다	늘 지쳐 있다	
	눈치 보게 한다	함께 자리하기를 피한다	
일/공부	잘 하려고 한다	혼자 다한다	
	할 일이 산더미 같이 쌓여있다		
강　점	열심히 산다	맡은 바를 다한다	
	든든하다		

2. (   ) 개

대인관계	이기려고 한다	지고는 못 산다	
	조급하다	전투적이다	
가족관계	비교를 잘 한다	무시한다	
	표현이 자극적이다	경쟁 대상으로 본다	
일/공부	1등이 되어야 한다	상대가 있으면 더 잘 한다	
	이기는 데만 집중한다	사소한 일에 목숨 건다	
강　점	집중력이 있다	포기하지 않는다	
	성공 지향적이다		

3. ( )개

대인관계	남의 탓을 잘한다	건드리면 터진다	
	권위에 반항적이다	자존감이 낮고, 잘 상처 받는다	
가족관계	조종하려 한다	지배하려 한다	
	책임지려 한다	인정 안 해주면 화를 낸다	
일 / 공부	확실하다	장 · 단점 파악을 잘한다	
	조직관리 능력이 있다		
강 점	의리있다	정의감 있다	
	설득을 잘 한다		

4. ( )개

대인관계	소심하다	기가 죽어 있다	
	인정받으려고 애쓴다	경쟁적이다	
가족관계	비난한다	마음에 안 들어 한다	
	헌신적이다	잘하도록 부추긴다	
일 / 공부	자책한다	책임감이 있다	
	잘하려고 기를 쓴다	쉽게 포기한다	
강 점	자기 자신을 잘 안다	반성능력이 있다	
	비교분석을 잘 한다	끊임없이 자기 개발을 한다	

5 ( )개

대인관계	사람을 좋아 한다	혼자 있고 싶어 한다	
	의존적이다	함께하고 싶어 한다	
가족관계	의사소통이 일방적이다	밖으로 돈다	
	은근 슬쩍 상대방이 하게 한다	상처 줄까봐 화를 못 낸다	
일 / 공부	시작을 잘 한다	벌려놓고 마무리 안 한다	
	혼자서 한다		
강 점	무사태평이다	다른 사람을 편안하게 해준다	
	현재의 삶을 즐긴다	주관이 뚜렷하다	

6.( )개

대인관계	애잔하다	살갑다	
	친절하다	미련이 많다	
가족관계	걱정이 많다	간섭이 많다	
	다정다감하다		
일 / 공부	우유부단하다	이상주의적이다	
	일에 애정이 많다	자기 것을 잘 챙긴다	
강 점	감수성이 풍부하다	대화를 즐긴다	
	사람을 잘 챙긴다	마당발이다	

7.( )개

대인관계	잘 삐친다	샘이 많다	
	잘난 체하는 꼴을 못 본다	공주병, 왕자병이 있다	
가족관계	나만 바라주기 바란다	"놀아줘"	
	친밀하고 싶어 한다	영순위이기를 바란다	
일 / 공부	최고가 되려고 한다	나만 잘하면 된다	
	쌤통이다	다른 사람을 인정하지 않는다	
강 점	자존심이 있다	감수성이 예민하다	
	감정을 잘 알아 차린다	잘 났다	

8.( )개

대인관계	눈치를 본다	조심스럽다	
	다가가지 못한다	자기주장이 약하다	
가족관계	엄격하게 대한다	상처받을까봐 두려워한다	
	두려움 때문에 화를 잘낸다	편하게 대하지 못한다	
일 / 공부	실패를 두려워한다	시작하는 것이 힘들다	
	시간이 걸린다	상대방의 평가에 민감하다	
강 점	안전빵이다	혼자서 끙끙 댄다	
	끈기가 있다	노력한다	예의바르다

9 (　　　)개

대인관계	상처를 잘 준다	예민하다	
	관계가 힘들다	화를 참는다	
가족관계	성질을 부린다	짜증낸다	
	잘 삐친다	긴장감을 느끼게 한다	
일 / 공부	시원하게 한다	홧김에 저지른다	
	갈등을 일으킨다	일에 화풀이 한다	
강　점	추진력이 있다	에너지가 많다	
	뒤끝이 없다		

10 (　　　)개

대인관계	관계 불감증	자주 잠수한다	
	신경 쓰이게 만든다	매사가 귀찮다	
가족관계	표현을 못한다	자신에게 화가 난다	
	답답하게 만든다	천불나게 한다	
일 / 공부	멍하다	결과물이 없다	
	엄두가 안 난다	잠속으로 피한다	
강　점	경제적이다	무리하지 않는다	
	겸손하다	엄청난 잠재력이 있다	

11 (　　　)개

대인관계	썰렁하게 한다	무의미하게 만든다	
	초월한 척 한다	힘 빠지게 한다	
가족관계	힘들게 한다	허기지게 한다	
	왕따 당한다		
일 / 공부	의욕이 없다	흥미가 없다	
	게으르다		
강　점	경계가 없다	욕심이 없다	
	초연하다	수용력이 있다	

12 (   )개

대인관계	기대에 부응하려고 애쓴다	조용하다	
	사라지고 싶다	공평하게 안대하면 슬퍼진다	
가족관계	"미안해"를 입에 달고 산다	감정을 꾹꾹 눌러둔다	
	"기쁨조"이다	필요한 존재가 되려고 노력한다	
일 / 공부	헌신적으로 한다	열심히 한다	
	실망시키지 않으려고 노력한다		
강 점	알아서 잘한다	꺼이꺼이 잘 운다	
	다른 사람의 심정을 잘 헤아린다		

13 (   ) 개

대인관계	노심초사 한다	망설인다	
	전전긍긍한다	안절부절 한다	
가족관계	확인 전화를 자주한다	잔소리가 많다	
	강박적이다	통제하려고 한다	
일 / 공부	완벽하게 준비한다	깔끔하다	
	철저하게 계획한다	세세하게 표현한다	
강 점	순발력이 있다	열정적이다	
	분위기 메이커다	솔직하고 투명하다	

14 (   ) 개

대인관계	자기를 보호하기 위해 거리를 둔다	위험을 느낄 때 관계를 한다	
	속으로는 떨고 있다	'죽기살기' 심정이다	
가족관계	냉랭하게 대한다	공포 분위기를 조성한다	
	천진난만하다	장난끼가 있다	
일 / 공부	빈틈없다	꼼꼼하다	
	한순간도 놓치지 않는다	끝장을 본다	
강 점	창의적이다	상상력과 아이디어가 풍부하다	
	속내가 따뜻하다	여리다	리더십이다

15(　　　)개

대인관계	거리를 둔다	단짝을 만든다	
	무관심한 척 한다	먼저 다가와 주기를 기다린다	
가족관계	소원하다	적막하다	
	무미건조하다		
일 / 공부	제대로 하려고 한다	완벽하게 하려 한다	
	시도가 어렵다	비난을 두려워한다	
강　점	완벽하다	끈끈하다	
	집중력이 있다	노골적으로 관심을 보인다	

16 (　　　)개

대인관계	초긴장 상태다	공격적이다	
	아군 아니면 적군이다	아군은 별로 없다	
가족관계	쓸쓸하다	적개심을 드러내기 두려워 외면한다	
	감정 표현이 극단적이다	삭막하다	
일 / 공부	실패는 죽음이다	죽기 살기로 한다	
	"내가 죽든지 네가 죽든지 해보자"는 심정이다		
강　점	'올인' 한다	목표 지향적이다	
	위기 대처 능력이 있다		

수고하셨습니다. 감정별로 체크한 개수를 적어보세요

표시한 표가 많은 감정이 당신의 핵심감정일 가능성이 높습니다.

만약 최고로 많은 숫자를 가진 감정이 10 이라고 하면 그 중 10 이나 9에 해당하는 것이 핵심감정입니다. 8부터는 핵심감정이 아니니 버리시면 됩니다.

1. 부담감		2. 경쟁심		3. 억울함		4. 열등감	
5. 외로움		6. 그리움		7. 질투		8. 두려움	
9. 분노		10. 무기력		11. 허무		12. 슬픔	
13. 불안		14. 공포		15. 소외		16. 적개심	

〈자료출처 : 동서심리상담연구소, 건강한 부모훈련워크숍, 서춘숙, 2009. 재인용〉

동그라미도형의 정서-기쁨, 슬픔, 불안, 외로움, 그리움

불안

대인관계에 있어서 긍정적인 정서로는 순발력이 있고 표현력이 뛰어나며 즐거운 분위기를 만들어내고 열정적이며 솔직하고 투명하다. 그러나 부정적인 감정 기능으로는 노심초사하거나 전전긍긍하며 안절부절한다. 상대방에게 확인 전화를 자주하거나 잔소리가 많아지며 강박적이다. 동그라미의 몰입형일 때 더욱 상대방에게 집착하거나 의존하게 된다. 보완하기 위해서는 여유를 가지고 기다리라. '나'와 '너'의 객관적이며 독립적인 관계를 유지하기 위해 노력하라. 감정분리가 필요하다.

외로움

대인관계에 있어서 긍정적인 정서로는 낙천적이며 사람들을 편안하게 해주고 현재의 삶을 즐기는 현실형이다. 무슨 일이든지 시작을 잘 하지만 마무리가 부족하다. 사람을 좋아하다보니 늘 함께하고 싶어 한다. 의존적이다. 그러나 부정적인 감정기능이 작용하면 혼자 있고 싶어 하고, 일방적인 의사소통을 하며 상대방에게 상처를 줄까봐 화를 못 내고 조용히 떠나거나 회피하려고 한다. 보완점으로는 시작한 일은 무슨 일이 있어도 마무리 짓기 위해 노력하며 조화와 절충이 필요하다. 문제 상황에서 회피하거나 혼자 해결하려고 하지 말고 다른 사람들과 협력하기 위해 노력하라.

슬픔

대인관계에 있어서 긍정적인 정서로는 기대에 부응하려고 애쓴다. 다른 사람들을 기쁘게 하기 위해 노력한다. 필요한 존재가 되려고 하며 실망시키지 않으려고 노력한다. 무슨 일이든지 열심히 하며 헌신적으로 알아서 잘한다. 다른 사람의 심정을 잘 헤아린다. 그러나 부정적인 감정기능으로는 갑자기 조용해진다. 사라지고 싶다는 생각을 한다. 불공평한 상황에서 더욱 많이 슬퍼진다. 타인에게 미안한 감정이 앞선다. 자기 감정을 꾹꾹 눌러둔다. 잘 운다. 보완하기 위해서는 자기 감정을 무시하지 말고 슬픔을 적극적으로 표현하거나 드러내라. 자기에 대한 사랑을 갖도록 노력하라.

그리움

이상주의적이며 감수성이 풍부하고 사람을 잘 챙긴다. 워낙 마당발이다. 대화를 즐기고 자기 것에 대한 애착이 강하고 일에 대한 애정이 많다. 대인관계에 있어서 애잔하고 살갑다. 친절하며 미련이 많다. 때로 우유부단하다. 가족관계에 있어서 다정다감하지만 걱정이 많고 간섭이 많다. 보완하기 위해서는 이성적일 필요가 있으며 결단력이 필요하다. 심한 감정기복으로 인하여 감정 조절이 필요하다.

동그라미유형을 위한 스트로크

동그라미님!
우리는 당신을 참 사랑합니다.
참 부드럽고 따뜻하군요!
우리가 당신 곁에 있어 줄게요
외로워 하지 말고 슬퍼하지 마세요!
우리와 함께 나누고 함께 이야기해요!
우리 모두 당신을 사랑합니다.

세모도형의 정서-도전, 진취, 경쟁심, 분노, 적개심, 공포

경쟁심

대인관계에 있어서 긍정적일 때 집중력이 높고 포기하지 않고 도전적이며 성공 지향적이다. 그러나 부정적인 정서일 때 늘 이기려고 한다. 지고는 못산다. 조급하고 전투적이며 비교를 잘한다. 무시하는 듯하며 표현이 자극적이다. 주변 사람들에 대해 경쟁 대상으로 본다. 삼각형의 꼭짓점은 하늘을 향한 끝없는 욕심을 나타내며 매사에 1등이 되어야 하고 상대가 있으면 더 잘한다. 이기는 데만 집중하며 사소한 일에 목숨을 건다. 하지만 무슨 일이든 즐거운 마음으로 임하며 자신이 하는 일에 대한 목적을 분명히 하고 '왜 1등을 해야 하는지!', '상대방을 이겨야만 하는 이유는 무엇인지!'에 대해 명확히 한 다음 그 일에 집중하도록 노력해 볼 필요가 있다. 무조건 매사에 이겨야 한다는 강박 관념에서 벗어나 그 일에 대한 목표와 목적을 분명히 한다면 조금은 멀리서 객관적인 시각으로 바라

보며 여유를 가질 수 있을 것이다. 주변 사람들을 자신의 경쟁 상대로 보기 이전에 협력자로 인식하고 함께 하도록 노력하라.

화(분노)

추진력과 결단력이 있으며 열정적이고 뒷 끝이 없이 시원시원한 장점을 가지고 있다. 그러나 뒷 끝 이전이 중요하다. 에너지 넘치는 열정이 때로는 분노로 폭발하여 공연한 갈등을 일으키기도 한다. 대인관계에 있어서는 삼각형의 뾰족한 끝으로 타인에게 상처를 줄 수 있으며 어떤 사안에 대하여 민감하다. 마음에 맞지 않을 때 짜증을 쉽게 내고 잘 삐지며 긴장감을 느끼게 한다. 삼각형의 뾰족한 끝을 부드럽고 매끈하게 다듬을 필요가 있다. 타인을 향한 부드러움과 따뜻함을 나타내기 위해 노력하며 화가 폭발하고자 할 때에는 주먹을 꽉 쥐고 심호흡을 길게 하며 하나, 둘, 셋을 세어보라. 그때까지도 가라앉지 않으면 현재의 장소에서 다른 곳으로 이동하고 열까지 세는 것을 계속하라. 그런 다음 감정적으로 대응하지 말고 잠시 머물러서 현재의 상황을 재검토하라. 이성을 되찾고 신중하게 대처하기 위해 노력하라. 무엇보다 자신의 잘못에서 비롯된 일이라면 망설이지 말고 자신의 잘못을 인정하고 사과하도록 하라. 상대방의 잘못에서 비롯된 일이라면 자신의 현재 감정에 대해 음성을 낮추고 자세하게 설명하여 상대방으로 하여금 충분히 납득하도록 설명하라. 순간적인 분노심으로 인하여 큰일을 그르치는 사례들을 우리는 주변에서 수없이 목격하게 됨을 명심하라.

공포

창의적이며 기획력이 뛰어나고 상상력과 아이디어가 풍부하다. 빈틈 없이 치밀하고 꼼꼼하며 시작한 일에 대해서는 끝장을 본다. 겉은 차갑고 냉정하며 이성적으로 보이지만 내면은 따뜻하고 여린 외강내유형이다. 카리스마 강한 리더십이 있어서 주변 사람들을 따르게 한다. 그러나 대인 관계에 있어서 부정적일 때 자기를 보호하기 위해 거리를 유지하며 위협을 느낄 때 관계를 단절하지만 속으로는 떨고 있다. 냉정해지며 공포 분위기를 조성하지만 천진난만하다. 보완하기 위해서는 지레짐작으로 타인의 생각을 단정 짓지 말고 상대방의 생각과 감정을 충분히 이해하고 의견을 물어보라. 자신의 속마음을 드러내어 솔직하게 고백하라. 일을 결정하기에 앞서 다시 한번 신중하게 검토한 후 결정하도록 노력하라.

적개심

한 가지 일을 향해 올인하며 목표 지향적이다. 위기대처 능력이 있다. 대인관계에 있어서 부정적인 정서상태일 때 초긴장 상태가 되며 공격적이다. 아군 아니면 적군이라고 생각하며 적개심을 드러내기 두려워서 외면한다. 감정표현이 극단적이고 삭막하다. 쓸쓸하다. 이들에게 있어서 실패는 곧 죽음이기 때문에 죽기 살기로 한다. "내가 죽던지 네가 죽던지 해보자"는 심정이다. 이러한 정서 상태에 있을 때에는 낙관적이며 긍정적인 사고전환이 필요하다. 살만한 세상이라고 생각하며 마음을 편안하게 한다. 자신의 감정표현에 있어서 보다 더 부드럽고 완곡하게 표현하는 방법을 익힐 필요가 있다.

억울함

　의리와 정의감이 있으며 확실하다. 장단점을 잘 파악하고 조직관리 능력이 있다. 할 말이 있으면 마음에 담아두지 않고 다 하는 이들은 대인관계에 있어서 부정적인 정서일 때 남의 탓을 잘하며 잘못 건드리면 바로 터진다. 권위에 반항적이며 상처를 잘 받는다. 조종하려 들고 지배하려 한다. 책임지려 하는 경향이 있으며 자신을 인정해주지 않으면 화를 낸다. 보완하기 위해서는 다른 사람의 말에 귀를 기울이고 경청하는 훈련을 하라. 과거에 자신에게 잘못한 사람이 있다면 상대방을 위해서라기보다 먼저 자신을 위해 너그럽게 용서하라. 과거에 얽매어 있을 때 다른 그 누구보다 자신이 더 괴롭고 고통스러운 날을 보내야 하기 때문에 자신을 위해 타인을 용서하고 혹여나 자신에게 잘못한 일이 있는지 먼저 반성해 볼 필요가 있다. 상대방이 나에게 잘못했다고 생각되면 혹시 내가 먼저 잘못한 일이 없었는지 반성해 볼 일이며 내가 상대방에게 잘 하고 있다면 상대방이 먼저 나에게 베풀어준 호의가 무엇인지에 대해 살펴보고 고마움을 표현해보라.

세모도형을 위한 스트로크

　세모님!
　우리는 당신을 존경합니다,
　늘 넘치는 에너지와 열정을 사랑합니다,
　도전정신과 추진력은 조직의 큰 힘이 됩니다,
　그러나 당신 곁에 있는 사람들을 조금만 더 배려해보세요
　당신의 기대를 조금만 낮춰보세요
　그러면 우리 모두 함께 행복해 질 거에요

네모도형의 정서-안정, 두려움, 불안

부담감

매사에 열심이 있고 맡은 일에 책임을 다하며 성실하다. 잘 하려고 노력하며 다른 사람과 함께 하기보다는 혼자서 일을 다 해내려고 하다 보니 할 일이 늘 쌓여있다. 과묵하고 든든하다. 대인관계에 있어서 부정적인 정서일 때 위축되어 있고 늘 긴장하며 갈등을 회피하고 자신의 요구사항이 있어도 표현이 어렵거나 회피하며 냉정하게 거절하지 못한다. 늘 지쳐있고 가족들이나 주변 사람들이 불편하여 눈치 보게 하며 자리를 피한다. 보완하기 위해서는 다른 사람들과 일을 나누어서 하고 힘들 때 힘들다고 말한다. 거절하는 법을 배울 필요가 있으며 자신의 감정에 대해서도 솔직하게 표현하도록 노력하라.

두려움

실패를 두려워하다보니 매사에 신중하고 안정된 것을 선호한다. 예의 바르고 끈기가 있다. 노력한다. 어떠한 일을 추진하는데 있어서 망설이며 시간이 걸리고 느리다. 타인의 평가에 대해 민감하고 결정하는 일이 어렵고 힘들다. 대인관계에 있어서 타인의 눈치를 보며 다가가지 못하고 조심스럽다. 자기주장이 약하고 상처받을까봐 두려워한다. 가족관계에 있어서는 엄격하고 편하게 대하지 못한다. 두려움 때문에 화를 잘 낸다. 이런 점들을 보완하기 위해서는 조금 더 신속하게 움직이고 빠른 추진력을 기른다. 다른 사람의 눈치를 보며 망설이지 말고 자신의 생각이나 의견, 또는 감정에 대해 솔직하고 당당하게 표현하기 위해 노력한다. 타인의 평가에 대해 지나치게 민감하지 않도록 노력하며 늘 편안하고 안정적인 상황에서 벗어나 변화를 시도하고 도전해보려고 노력하라.

네모도형을 위한 스트로크

네모님!
우리는 당신을 참 좋아합니다.
평화롭고 여유 있는 안정적인 모습을…,
그러니 두려워 하지 마세요!
우리가 당신을 도와드릴게요
마음을 열고 받아들이세요
우리 함께 사랑해요!

에스도형의 정서-감성, 우울, 열등감, 질투심, 허무함, 소외감, 불안

열등감

논리적이고 분석적이어서 자기 자신에 대한 이해가 높고 잘못이나 실수에 대한 반성 능력이 있다. 비교 분석을 잘하고 끊임없이 자기를 개발하며 맡은 일에 대해서는 책임감이 강하다. 완벽주의 성향인 이들은 잘하려고 애를 쓰지만 실패에 대한 두려움으로 쉽게 포기하고 만다. 대인관계에 있어서 소심하고 기가 죽어 있다. 경쟁적이며 인정받으려고 애쓴다. 가족관계에 있어서 헌신적이며 잘하도록 부추긴다. 그러나 마음에 안 들면 비난하거나 비판적이다. 보완하기 위해서는 자기를 과소평가 하지 않으며 자신의 능력에 대해 한계 짓지 않는다. 통합적으로 생각한다. 자신이나 타인에 대해 지나치게 분석적이고 객관적으로 판단하지 않도록 노력한다.

질투

　최고가 되려고 한다. 잘났다. 나만 잘하면 된다. 자존심이 강하다. 감수성이 예민하다. 다른 사람을 인정하지 않는다. 대인관계에 있어서 잘 삐지고 샘이 많다. 자기는 잘난 체하면서 남 잘난 체하는 꼴을 못 본다. 공주병(왕자병)이 있다. 가족관계에 있어서 나만 바라봐주기를 바란다. "놀아줘". 친밀하고 싶어 한다. 0순위 이길 바란다. 보완하기 위해서는 타인과 함께 윈윈 하려고 노력한다. 지나치게 경쟁적인 질투심이나 이기적인 태도에서 벗어나도록 노력한다. 다른 사람의 성과에 대해 인정하고 억지로라도 칭찬하기 위해 노력한다. 함께 한다. 솔직해진다.

무기력

　엄청난 잠재력이 있으나 결과물이 없다. 일을 시작할 엄두가 안 난다. 경제적이다. 무리하지 않는다. 겸손하다. 멍하게 있거나 잠 속으로 피한다. 대인관계에 있어서 관계 불감증이다. 자주 잠수한다. 신경 쓰이게 만든다. 매사에 귀찮아한다. 가족관계에 있어서 자신에게 화가 난다. 표현을 못하고 답답하게 만든다. 천불나게 한다. 보완하기 위해서는 가벼운 운동을 하며 몸을 움직이려고 노력한다. 처음부터 무리하지 말고 간단한 취미활동을 찾아서 시작해본다. '지금 여기'에서 재미있는 것을 찾는다.

허무

경계가 없고 욕심이 없다. 초연하다. 수용력이 있으나 의욕이 없고 게으르며 매사에 흥미가 없다. 대인관계에 있어서 썰렁하게 하고 무의미하게 만든다. 초월한 척하며 힘 빠지게 한다. 가족관계에 있어서 힘들게 하고 허기지게 한다. 왕따 당한다. 보완하기 위해서는 현실적일 필요가 있으며 자신의 욕구가 무엇인지 찾아보고 수용하기 위해 노력하며 목표 의식을 갖는다. 좋고 싫음을 분명히 한다.

소외

집중력이 높고 무슨 일이든 제대로 완벽하게 하려고 한다. 끈끈하다. 비난을 두려워한다. 대인관계에 있어서 거리를 두거나 단짝을 만든다. 무관심한 척 한다. 먼저 다가와주기를 기다린다. 가족관계에 있어서는 소원하거나 적막하고 무미건조하다. 보완하기 위해서는 타인에 대하여 무시하지 않도록 노력하며 노골적으로 관심을 보인다. 시도한다. 분리한다.

에스도형을 위한 스트로크

에스님!
우리는 당신을 수용합니다,
자유롭고 창의적인 사고의 유연함과
멋을 추구하는 당신의 아름다움을!
그러나 다른 사람의 부족함도 조금은 칭찬해보세요
마음을 열고 타인을 받아들여보세요
우리 함께 행복해 질 거에요!

14. 도형심리 분석 이론

　네 가지 도형 그림만 가지고 심리적, 성격적 특성을 해석함에 있어서 검사자의 주관적 추론에 전적으로 의존하는 맹분석(blind analysis)의 위험성에 대해 우려스러운 점 없지 않다. 그러나 그림을 통하여 면접만으로는 드러나지 않는 내적 욕구나 충동, 심리적, 정서적, 성격적 요인들을 해석하는 투사검사의 방법에는 도형심리 이외에도 다양한 심리검사 도구들이 있다. '이미지'를 통한 통찰적 분석방법에 대하여 상통하는 해석에 유사한 적용이 가능한 이론들을 살펴보고자 한다.

　도형심리 분석에 대한 이론적 배경이 될 수 있는 BGT(Bender-Gestalt Test)는 기하학적인 도형이 그려져 있는 9개의 카드를 피검자에게 보여주면서 종이 위에 그리도록 한 다음 변형된 추가 단계를 실시한 후 피검자의 인지, 정서, 성격 같은 심리적 특성을 분석하는 검사이다. 1940년대 Hutt에 의하여 BGT 검사가 비언어적인 검사가 될 수 있음이 강조되면서 정신역동적 관점이 대두되기 시작하였고, 지각 및 시각-운동기능에 대한 검사로서 형태심리학과 역동심리학 이론에 근거를 두고 개인의 심리적 과정을 분석하고 있다.

　Hutt는 Bender가 사용했던 원래의 BGT 도형에 선의 길이나 각도 및 크기의 불규칙성을 제거시킨 후 새롭게 개발된 도형을 적용시켜 검사를 실시하였는데 이를 HABGT(Hutt Adaptation of the Bender-Gestalt Test)라 한다. HABGT에서 평가되는 항목들을 살펴보면 '조직화 방식

(organization)', '크기의 일탈(deviation in size)', '형태의 일탈(deviation in form)', '전체적 왜곡(gross distortion)', '그려나가는 방식(movement)' 등을 객관적으로 분석하여 각 항목을 수치화 하고 규준에 따라 양적인 면을 해석하였다.

4가지의 도형그림을 해석하는데 있어서 HABGT의 도형해석과 유사한 점들이 있음을 알 수 있는데 누구나 쉽게 자신의 도형을 해석해볼 수 있도록 아래 해석 방법에 대하여 살펴보도록 하겠다.

'조직화 방식(organization)'

1) 배열순서(Sequence)
순서의 규칙성 수준을 말하며 대부분 왼쪽에서 오른쪽으로 위에서 아래로 배열하는데 이 방식에서 벗어날 때 일탈의 정도를 가늠해 볼 수 있다.

2) 도형위치(position of the first drawing)
용지의 왼쪽이나 오른쪽 아래 모서리에 위치해 있으면 병리적인 상태로 보며 왼쪽 위의 모서리에 그릴 경우, 도형의 전체적인 크기가 지나치게 작을 경우 소심하고 겁이 많음을 나타내며 중앙에 배치하면 자기주장이 강한 경향으로 해석할 수 있다.

3) 공간사용(use of space)
도형과 도형 사이의 공간이 지나치게 넓으면 적대적이고 독단적이며 과장이 심하고 공간이 좁게 나타나면 수동적이고 의존적이며 퇴행, 분열적 성격 특성을 반영한다고 본다.

4) 중첩(collision)

도형그림이 겹쳐져서 그리는 경우를 말하는데 계획 능력이 부족하거나 극단적인 감정 상태를 반영한다고 본다.

5) 가장자리 사용(use of margin)

지면의 가장자리에 치우쳐 그릴 경우 불안이 내재되어 있으며 망상의 정도를 해석해 볼 수 있다.

6) 용지의 전환(shift in the position of the paper)

수직 위치에서 수평 위치로 회전시키는 것을 말하며 자기중심적 경향을 가늠해본다.

'크기 일탈(deviation in size)'

1) 아주 크거나 아주 작거나 한 그림(overall increase or decrease in size)

자극도형과 비교했을 경우 도형그림의 크기가 아주 작으면 퇴행이나 내적 불안 또는 두려움과 관련이 있고 그림이 매우 크면 부적절감이나 자기중심적 경향으로 본다.

2) 크기의 점증(progressive increase or decrease of drawings)

도형그림을 그리면서 점점 커지거나 작아지는 것을 말한다. 크기가 커지는 것은 충동성의 정도를, 크기가 작아지는 것은 에너지 수준의 저하됨을 나타낸다.

3) 고립되어 있는 과대 과소 묘사(isolated increase or decrease in size)

도형의 크기가 다른 도형의 크기에 비해 상대적으로 아주 크거나 작을 경우를 말하며 동일한 도형의 1/3 이거나 전체 도형의 크기와 비교할 때 1/4 이상 일 때 원 일 경우 여성상과 장방형일 경우 남성상에 대한 상대적인 태도를 볼 수 있다.

'형태의 일탈(deviation in form)'

1) 폐쇄곤란(closure difficulity)

도형그림에서 그림을 완성시키지 못하거나 접촉하는데 어려움이 있는 것을 말하며 대인관계나 정서문제를 반영하는 것으로 본다.

2) 곡선그리기 곤란(curvature difficulty)

곡선의 진폭이 크거나 작을 때를 말하며 정서적인 민감성 정도를 볼 수 있다. 우울한 사람들은 곡선의 진폭을 작게 그리는 경향이 있다.

'전체적 왜곡(gross distortion)'

1) 지각인지의 회전(perception rotation)

도형그림의 회전방향에 따라 자아기능 수행 정도를 예측하는데 시계 방향으로의 회전은 우울증 정도를, 역시계 방향으로의 회전은 반항적인 경향 정도를 파악해 볼 수 있다.

2) 단편화 또는 정교화(fragmentation & elaboration or doodling)

도형그림의 형태가 부분 부분 떨어져 있는 경우 추상적 사고능력의 저하로 보며 너무 정교하게 그리거나 원래 도형의 모양에 추상적 그림을 덧붙인 것을 말하는데 이런 경우 충동문제나 불만의 정도를 볼 수 있다.

3) 재묘사 도형(redrawing of the total figure)

그린 도형을 그대로 두고 다시 그릴 때 계획 능력의 부족과 자신감 결여로 볼 수 있다.

15. 도형심리 분석 기법

도형심리를 해석함에 있어서 중심이 되는 이론은 히포크라테스의 기질론에 바탕을 두고 있다. 선천적으로 타고난 기질은 변하지 않는다. 그러나 도형그림은 환경이나 심리적인 변화에 따라 다르게 나타나기도 하며, 아무런 정보가 없는 상황에서 처음에 그린 도형과 상담을 받는 과정이나 어느 정도의 기간이 지난 다음에 그려나가는 도형은 달라질 수 있고 도형의 위치도 각각 다르게 나타날 수 있다. 이런 점들을 잘 활용하면 상담자는 내담자의 상담에 대한 반응을 민감하게 알아차릴 수 있으며 도형이 이동된 위치에 따라 변화되어 가는 내적과정을 확인할 수 있다. 이런 점들을 고려하여 상담에 대한 목표를 구체화하거나 또는 수정할 수 있다.

도형그림을 해석함에 있어 전체적인 조화와 구조, 순서, 크기, 위치, 모양의 변형에 따라 분석할 수 있다. 중요한 것은 도형심리성격유형검사에서 세모도형의 사람이 도형그림으로는 네모도형을 그렸다면 성격 특성으로는 세모도형의 기질을 가졌으나 네모도형과 관련된 심리를 반영하여 해석할 수 있어야 한다. 이와 같이 세모도형의 사람이 반드시 세모도형그림을 그리지는 않는다. 다시 말하면 네모도형을 그렸다고 해서 무조건 네모도형의 사람으로 볼 수는 없다는 것이다. 그러나 두세 번 그리다 보면 반복하여 나타나는 자신의 도형이 패턴화 되어 나타난다는 사실을 발견하게 될 것이다. 이처럼 도형심리에 있어서도 자신의 도형유형을 정확하게 탐색해가는 과정이 필요하다.

아래 사례를 들어 추가 설명을 하고자 한다.

[사례 1]

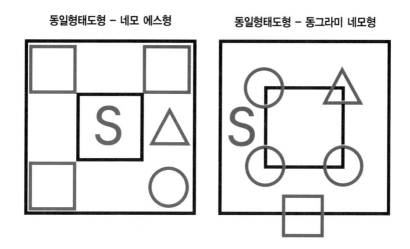

동일형태도형 – 네모 에스형   **동일형태도형 – 동그라미 네모형**

위에서 보는 [사례1] 사례자는 네모도형의 기질이면서 처음 도형은 네
모도형을 그렸지만 6개월 뒤 그린 도형에서는 동그라미를 그렸다. 그렇다
고 해서 네모도형이 동그라미유형으로 바뀌지는 않으며 오히려 처음 그
렸던 네모도형의 기질적 특성을 가지고 있음을 탐색해 볼 수 있었다. 이
처럼 도형의 변화에 대해 2차 도형의 특성을 매우 중요하게 고려해볼 수
있다. 그러나 6개월 뒤 도형의 위치가 이동 된 것을 보면서 환경이나 심리
적인 변화에 대해 함께 이야기하며 상담을 전개해 나갈 수 있어야 한다.

[사례 2]

도형상담사례 - 네모 몰입형

　　[사례2] 사례자는 세모도형의 사람이지만 도형으로는 네모도형을 그렸다. 기질적 특성으로는 세모도형의 도전적이고 진취적이며 경쟁적인 특성을 가지고 있으나 네모도형의 꼼꼼함과 신중함, 완벽주의적인 성향이 나타나고 있다. 세모도형의 특성이 긍정적으로 발휘되지 못하고 위축되어 있으며 감추어진 무의식의 약점이 오히려 네모도형으로 표현되고 있음을 볼 수 있다. 세모의 강점들을 강화할 수 있도록 도울 필요가 있으며 현재는 사람과 공동체와의 갈등이 드러나고 있으므로 상담의 목표를 재정의하고 해결점을 찾을 수 있는 방법을 조언할 필요가 있다.

　　위 사례들을 통하여 [1], [2] 사례자 모두 동일한 네모도형을 그렸으나 전혀 다른 기질적 특성을 가지고 있다는 점에 주목할 필요가 있다. 상담자는 이러한 부분에 유의하면서 내담자들의 본질적 기질에 대한 특성을 찾아 낼 수 있어야 하며 장점을 강화하도록 동기부여하고 감추어진 무의식의 약점에 대해서는 이를 보완할 수 있도록 이끌어주어야 한다.

16. 도형심리 분석 사례

소개된 사례는 실제 현장에서 가장 일반적으로 많은 인기 도형들을 편집, 수정하여 사용하였다.

1. 동그라미 소양인

도형 : 동그라미에스 몰입형

체질 : 소양인

MBTI : ESFP

도형상담사례 – 동그라미 몰입형

위 도형의 사례자는 MBTI: ESFP 이고, 체질로는 소양인이며 도형으로는 동그라미에스 몰입형이다. 도형에 있어서 동그라미형은 친화적이고 사교적이며 대인관계에 능하고 관계를 중요하게 여긴다. 몰입형의 특징으로는 사람에 대한 관계 형성에 있어서 친밀감을 요구하며 정이 많고 마음이 약하다. 가까운 친구 사이에 금전 거래를 조심해야 하고 가급적 금전거래는 하지 않는 게 상책이다. 돈을 빌려주고서도 마치 받을 때에는 죄인처럼 어려움이 생긴다. 집중력이 강하여 관심 분야에 중독 성향을 보일 수 있다. 지나치면 편집증세로 나타날 수 있으며 결혼한 사람들에게는 상대에 대한 관심이 집중되어 의부증이나 의처증으로 발전할 가능성이 있으므로 유의해야 한다.

동그라미 안에 가운데 중심에 위치한 에스도형은 자신의 재능이나 일, 또는 예술분야에 대한 관심이나 이성에 대한 관심으로 볼 수 있으며 2차 기질에 해당한다. 그러므로 동그라미에스형이라고 할 수 있다. 세모가 전체를 관통하는 정삼각형이므로 자신에 대한 자부심이 높고 강한 자존감을 가지고 있으며 네모도형의 형태가 모두를 감싸고 있다. 물질관리와 학습관리, 목표관리, 조직적응에 있어서 안정적인 편이다. 동그라미의 형태가 두 개의 네모선을 넘어 외부로 향하고 있으므로 MBTI에서의 ESFP(외향적 감각형) 유형에서와 같이 외향성 기질을 나타내며 몰입형의 성향은 감정형(Feeling)의 특성과 일치한다. 또한 체질적으로 소양인의 성향도 외향적 감정형의 다혈질적인 특성을 많이 가지고 있는 점 또한 일치한다고 볼 수 있다. 여기에서 전체 도형의 형태가 네모 선 안쪽으로 모여 있을 경우 외향적 기질보다는 내향적 기질로 보며 MBTI에서 ISFJ(내향적 감정형) / ISFP(내향적 감정형)의 특성과 유사하고 체질로는 태음인이 많다.

위 사례자의 성격 특성을 정리해보면 다정다감하고 매우 높은 친화력과 사람 중심적이고 감정에 민감하며 개방적이고 활달한 성격이다. 너무 감정에 치우치지 않도록 주의할 필요가 있으며 이성적이고 객관적인 사고를 견지할 필요가 있다. 시작한 일에 대하여 끈기 있게 마무리를 잘 하도록 노력하라. 직업유형으로는 인문사회계열, 사회복지계열, 교육분야. 영업, 마케팅, 상담, 기업교육 강사에 적합하다.

2. 도형 : 동그라미 중복형
  도형 : 동그라미고리형
  체질 : 소음소양인
  MBTI : ISTJ

도형상담사례 – 동그라미 고리형

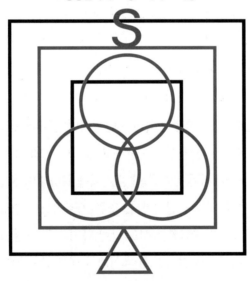

동그라미고리형인 위 사례자는 매우 꼼꼼하고 완벽하며 신중한 성향이다. 고리형의 특성은 두뇌가 우수한 사람들이 많고 문제 해결에 있어서

한번 더 깊게 생각하여 쉽고 단순한 문제도 어렵게 돌아 갈 수 있으므로 문제 상황에서 자신의 문제 해결 방법을 점검해 볼 필요가 있다. 그러나 신중하고 꼼꼼하므로 실수가 적은 것이 장점이다. 타인에게 좀 더 자신을 개방하고 문제 해결을 위한 조언을 솔직하게 터놓고 구하도록 하라. 성격 유형상 정확 철저하고 실수가 적어서 위험물을 다루는 일을 잘 할 수 있다. 자신의 주변을 정리할 필요가 있다. 미련이 남아 못 버리는 물건들, 사람과의 관계에 있어서 단순하게 생각하고 해결하도록 노력하라. 현재 계획은 세워 놓았지만 자신감이 부족하다. 과감하게 밀어 붙이는 추진력이 필요하다. 신중하게 검토해보고 반드시 해야 할 필요가 있는 일이라면 도전해보도록 하라.

3. 도형 : 동그라미 심플형

체질 : 소음인

MBT I : ISTP

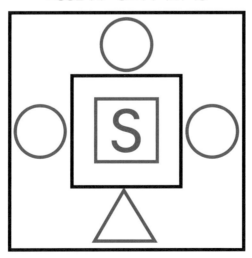

도형상담사례 - 동그라미 객관주의형

동그라미형이지만 각각 따로 떨어져 있는 형태의 도형이다. 대인관계에 있어서 객관적이고 매우 독립적이며 친밀한 관계 형성보다는 어느 정도의 거리감을 유지하는 것이 오히려 편안하다. 냉정하게 보이지만 속은 따뜻한 사람들이다. 타인에 대한 믿음이 적다. 종교가 없는 사람들이 많다. 자신을 개방하고 다른 사람을 받아들일 필요가 있으며 네모와 에스도형에 대해서도 주의 깊게 관찰해 볼 수 있는데 동그라미형이지만 주된 관심사는 오히려 네모와 에스에 있다. 네모도형의 정확 철저함과 2차 도형인 에스도형의 민감함을 가지고 있으며, 예술적 감각이나 도구나 기계를 만지는 능력이 뛰어난 손재주형은 MBTI 유형의 ISTP 성향과도 일치한다. 이성에 대한 관심이 높고 현재 자신감을 높이고 싶은 욕구를 강하게 나타내고 있다. 생각의 범위를 넓히도록 하라. 유연하게 사고하라. 관계의 폭을 넓히라. 조금 더 친밀하게 대하라. 그러나 당신은 이미 많은 것을 가지고 있다. 활용을 하지 못하고(안하고) 있을 뿐! 좀 더 부지런하라. 적극적으로 시도하라. 도전하라.

4. 세모도형과 태양인

도형 : 세모별형

체질 : 태양인

MBTI : ENFJ

도형상담사례 - 세모별형

　세모별형은 조급한 성격이지만 타인에 대한 배려심이 높고 직관력이 뛰어나다. 자기주장도 상황에 따라 정당하게 표현할 줄 안다. 기획 능력과 경영 능력이 탁월하며 창의적인 일에 적합하다. 대인관계가 원만하며 현재 배우자와 좋은 관계를 이루고 있다. 물질관리나 목표관리에 있어서도 과용이나 충동적이지 않고 적절하게 잘 관리해 나가고 있다. 결단력과 추진력이 강하여 일처리가 매우 민첩하고 높은 성과를 나타내지만 앞만 보고 달려가는 저돌적 성향으로 인하여 주변 사람들에게 상처가 되지 않는지 돌아볼 필요가 있으며 가장 보완하고 노력해야 할 점으로는 성급함으로 인한 실수가 없도록 노력하는 일이다. 뿐만 아니라 자기 자신에게도

성급함으로 인한 분노 감정을 잘 다스리므로 스트레스 상황에서 현명하게 대처할 수 있도록 노력해야 한다. 역삼각형에 대해 주의해서 보아야 하며 최근에 계획하고 시도하던 일에 대해 좌절된 경험이 있는지 확인해 보고 다시금 도전해 볼 수 있도록 격려해 줄 필요가 있다. 세모별도형이 동일하게 나타나지만 체질이나 MBTI 유형이 다르게 나타날 때에는 도형에 대한 해석과 더불어 체질적 성향과 MBTI 유형을 고려하여 교차 해석을 하게 되면 보다 더 심층적으로 상담 내용이 풍부해 질 수 있다.

5. 도형 : 역삼각세모형
　체질 : 소음인
　MBTI : INTP

도형상담사례 – 세모

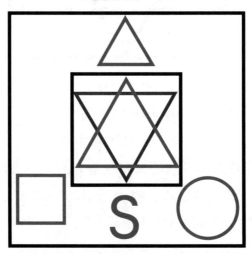

　세모역삼각형은 논리적이고 분석적인 성격이다. 현재 자신에 대한 불만족이 높고 대인관계에 있어서 어려움을 겪고 있다. 학력이나 학습으로

인한 스트레스 또는 열등감을 가지고 있지만 겉으로 드러내거나 표현을 하지 않는다. 혼자 속으로 삭히는 경향이 있다. 현재 갈등관계에 있는 사람에게 자신의 생각이나 감정을 표현하여 오해가 있다면 풀 수 있는 기회를 만들어야 한다. 혼자서 어려우면 다른 사람의 도움이라도 받도록 하라. 자기주장 훈련이나 자기 표현 훈련과정이 있다면 기회를 만들어 참여하도록 노력하라. 앞으로 남은 일생동안 타인과의 조화로운 관계를 위하여 반드시 필요한 투자가 될 것이다. 학력에 대한 열등감이나 학습으로 인한 스트레스에도 현명하게 대처하기 위해서는 자신감 향상훈련이 필요하다. 자신이 가지고 있는 장점을 충분히 인식하고 자존감 향상을 위하여 노력하라. 창의적이고 상상력이 풍부하며 논리적이고 분석적인 자신의 장점을 최대한 활용하도록 노력하라. 독립적인 일을 선호하며 연구개발 분야에 적합하다. 자신의 높은 기대만큼 충족되지 못함으로 인한 좌절감을 극복하도록 노력하라. 기대를 낮추고 평상심을 유지하며 심리적 안정과 평안함을 위하여 작은 일에 감사하는 여유를 갖도록 노력하라.

6. 도형 : 세모몰입형

체질 : 소음인

MBTI : INTJ

도형상담사례 - 세모몰입형

세모몰입형은 자신에 대한 기대가 높고 자신감도 매우 높다. 추진력과 결단력이 강하고 성취 욕구가 높으며 일에 대한 욕심이 많다. 치밀하고 계획적이며 꼼꼼한 완벽주의 성향을 가지고 있다. 다양한 분야에 대한 관심이 많다. 그러나 현재 학습에 대한 관심은 후순위로 밀려나 있고 이성에 대한 관심이 가장 많은 것으로 나타나고 있다. 자신이 가지고 있는 재능이나 예술성을 찾아내어 개발하라. 예술성에 대한 관심과 욕구가 있으나 드러나지 않고 있다. 자기주장이 강하고 고집이 세다. 높은 기대감을 낮추고 타인에 대한 인정과 배려심을 길러야 한다. 타인이 이룬 업적이나 성과에 대하여 의도적으로 칭찬하는 훈련을 하라. 작은 일에도 칭찬을 아끼지 말고 억지로라도 칭찬하는 습관을 길러야 한다. 상대방의 감정 상태에 대하여 민감해지려고 노력하라. 집중력이 매우 높아서 관심 있는 영역의 일에 있어서 높은 성과를 낼 수 있으며 빠르게 승진하거나 자기 분야에서 전문가로 성공할 가능성이 매우 높다. 그러나 일중독 증세를 보이지 않도록 주의하라.

7. 네모도형과 태음인

　도형 : 네모

　체질 : 태음소음인

　MBTI : ISFJ

도형상담사례 – 네모우사선형

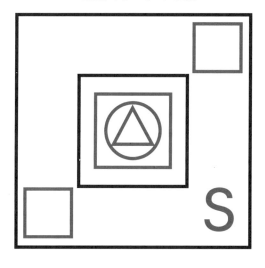

네모 우사선형은 신뢰감을 주며 성실하고 매사에 정확 철저하고 계획적이며 정리정돈의 대가이다. 주변이 늘 정리되어 있어야 마음이 편안하다. 에스도형 자녀의 무질서함과 자유분방함을 수용하기 위해서는 상당한 인내심을 필요로 한다. 하지만 네모도형이 가장 보완해야 할 점이라고

생각한다면 에스도형에게서 배워야 한다. 융통성과 여유를 가져라. 인간 관계에 있어서도 개방적이고 폭 넓은 대인관계를 갖기 위해 노력하라. 현재 자신의 재능이나 기술을 익히는 일로 인하여 스트레스를 받고 있거나 이성관계의 갈등의 원인을 해결하도록 노력하라. 내적 자신감은 매우 높은 편이지만 드러내지 못하고 있으며 타인의 평가에 대해 민감하고 상처받기 쉬우며 대범하게 넘기도록 노력하라. 자신의 감정에 대해 솔직하게 표현할 수 있는 방법을 배우라. 갈등을 회피하므로 분쟁 조정자로서의 역할에 적합하다. 지적 호기심이 강하여 늘 배우려고 한다. 미래에 있어서 현재 배우고 있는 학문을 통하여 성공할 가능성이 가장 높으며 인문사회계열 전공에 적합하며 사회복지 및 교육분야에 적합하다.

8. 도형 : 네모몰입형

체질 : 소음태음인

MBTI : ISTJ

도형상담사례 – 네모몰입형

네모몰입형은 집중력이 매우 높다. 매사에 완벽을 요구한다. 자신뿐만 아니라 타인이나 주변 사람들에게 조차 완벽을 요구하다보니 잔소리를 은연중에 많이 하게 되지만 정작 본인은 그것을 당연하게 여긴다. 타인의 의견과 상황을 수용하라. 누구도 자신과 같아지기를 요구해서는 안된다. 잔소리를 줄여라. 매우 현실적이어서 물질에 대한 집착이 강하고 낭비하는 것을 싫어하여 누구보다 빠르게 재물을 모을 수 있다. 현재 내면에 중심은 사람에게 있고 재능이 많으며 지적 호기심이 매우 높다. 자신감을 좀 더 높이고 싶은 욕구를 가지고 있다. 개발할 점으로는 자신이나 타인에 대하여 관대해 지기 위해 노력하라. 타인의 실수를 용납하라. 강박증을 보일 수 있으므로 한 가지 일에 지나치게 몰입하지 말라. 너무 신중하여 시도할 기회를 놓칠 수 있으니 조금만 서둘러라. 조금 덜 신중하고 조금 덜 느리게, 조금 더 서둘러라. 연구 개발직에 적합하며 경제분야, 회계분야, 교육분야에 적합하다.

9 . 도형 : 직사각 네모형

체질 : 태음소양인

MBTI : INFP

도형상담사례 – 네모독립형

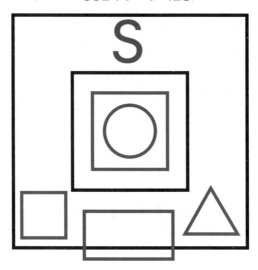

직사각 네모형은 현재 가장 해결해야할 혼란스러운 문제가 무엇인지 점검이 필요하다. 직사각형의 문제를 해결하고 나면 정사각형의 차분하고 신중하며 완벽주의 성향으로 회복될 가능성이 높다. 그러나 직사각형은 높은 창의력을 나타내기도 한다. 매사에 신중하여 실수가 적고 안정적이다. 지적 호기심이 강하여 다방면에 관심이 많다. 인간관계를 중요하게 여겨 주변 사람들과 좋은 관계를 형성하고 잘 지낸다. 갈등을 회피하여 다툼을 싫어하고 분쟁이 생길 경우 불안해한다. 자신의 감정표현을 쉽게 드러내지 않음으로 주변 사람들이 자신에 대해 알아주지 않아 서운한 일이 많다. 상황이나 대상에 대해 지나치게 감정적으로 대하지 않도록 객관

성을 가지려고 노력하라. 내면에서는 강한 자신감을 가지고 싶은 욕구가 강하지만 표면적으로 드러내기가 어렵다. 좀 더 용기를 내자. 자신의 감정에 대해 솔직하게 용기 있게 표현하도록 하자. 학업이나 학력으로 인한 스트레스와 열등감을 가지고 있다. 학습에 대하여 혼란스럽고 속히 해결해버리고 싶은 심리적 부담을 가지고 있다고 보여진다. 재능이 많고 잠재된 능력이 많음에도 드러내지 못하고 있다. 도전하라. 두려워 말라. 모든 것이 완벽하게 준비 된 후에 시도하려고 하다보면 좋은 기회를 놓치고 만다. 인문사회계열, 교육분야, 예능분야에 적합하다.

10. 에스도형과 소음인

도형 : 에스 우사선형

체질 : 소음인

MBTI : ISTJ

도형상담사례 - 에스우사선형

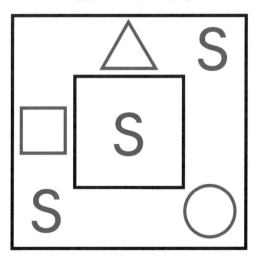

창의력과 상상력이 매우 발달되어 있으며 감성적이다. 분석적이고 객관적이지만 감정기복이 심해서 기분 상태를 예측하기가 어렵다. 다재다능하고 예능 방면에 재능이 뛰어나다. 손재주가 많지만 정작 자신은 알지 못하는 경우가 많다. 열 가지 재주가 있으나 특별히 한 가지 뛰어난 점이 없다. 한 가지 일에 집중하기가 어렵고 여러 가지 일에 산만하게 관심이 많다. 남들보다 도구나 기계를 잘 만지고 무슨 일을 하더라도 감각이 뛰어나다. 요리에 재주가 많고 미식가들이 많다. 현재 상태를 보면 사람과의 관계에서 심한 스트레스를 나타내고 있으며 학업이나 학문에 대한 관심은 뒷전에 있다. 자신의 재능을 펼치고 싶은 욕구가 가장 강하지만 불만족스럽고 이성에 대한 관심이 높다. 한 가지 관심 분야에 대한 목표를 정확히 설정하여 집중하도록 노력하라. 실패에 대한 두려움이 많기 때문에 목표에 도전하는 일에 좌절하기 쉬우므로 실패에 대해 적극적으로 도전하라. '까짓거 이번에 안 되면 다음에 하면 된다' 는 신념을 강하게 갖도록 노력하라. 그리고 무엇보다 감정을 잘 다스려야 한다. 자신의 기분 상태에 따라 상대방이 늘 맞춰주기를 기대하는 이기심과 욕심에서 벗어나야 한다. 특히 자신에게 과거에 잘못을 저지른 사람에 대해 너그럽게 용서하라. 잊어버려라. 복수심을 버리고 현재에 살아라.

11. 도형 : 에스몰입형

체질 : 소음인

MBTI : ISTJ

도형상담사례 – 에스몰입형

에스몰입형이며 2차 도형은 동그라미형이다. 상상력과 창의력이 뛰어난 천재형이다. 다재다능하고 기계나 도구를 조작하는 능력이 뛰어나다. 2차 도형인 동그라미는 사람에 대한 관심이 높고 좋은 관계를 유지하고 싶은 욕구는 강하지만 에스도형과 만나면서 민감한 감정에 상처를 많이 받게 된다. 서운한 점이 있으면 마음에 쌓아두지 말고 표현하여 풀지 않으면 마음 속에 한이나 분노심으로 변하게 될 우려가 있다. 그러나 한번 믿음을 갖게 되면 끝까지 신뢰하는 편이다. ISTJ 유형만으로도 완벽함을 원하고 정확, 철저함을 선호하는데 에스도형과 중복되면서 더 강한 완벽주의 성향을 드러낸다. 현재 조직 내(가정이나 직장, 공동체)에서는 원만하게 만족스럽지만 자신이 계획하고 있거나 목표로 하고 있는 세모도형

에 있어서 불만족스러운 상태이다. 지나치게 완벽함을 요구하지 말고 자신의 요구와 목표를 조금만 낮추어 도전해 볼 것을 권한다. 실패에 대한 두려움으로 시도하기를 망설이며 주저하고 있는 목표를 향해 용기를 내고 도전하라! 당신의 잠재력은 무한한 창의력과 상상력의 천재성을 가지고 있다. 내면에 숨겨져 있는 가능성이 무한한 당신! 용기를 내라.

12. 커플도형 상담 사례

사례 1(매우 좋은 부부관계)

남 : 42세, 회사원 / MBTI : ESFJ / 동그라미십자형 / 체질 : 소양태양인

여 : 41세, 영업직 / MBTI : ISFJ / 에스십자형 / 체질 : 소양태음인

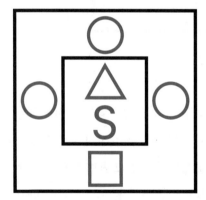

도형상담사례 – 동그라미십자형

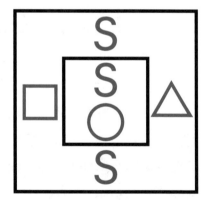

도형상담사례 – 에스십자형

도형을 그리기 전에 상대의 도형을 볼 수 없도록 각자 다르게 그렸지만 매우 유사한 도형을 그렸다. 부부관계가 매우 좋은 커플로서 서로에 대해 긍정적 지지가 강하고 다정다감하다. 남편은 1차 기질이 동그라미이지만 2차 기질로는 세모형으로 사회활동에 활발한 외향적 기질을 가지고 있

다. 추진력과 결단력이 매우 강하며 가정을 이끌어 가는데 주도성이 강한 남편상을 드러내지만 ESFJ의 성향으로 상대에 대한 배려심이 매우 높다. 작은 네모 안에 에스 기질이 상대 배우자의 1차 기질에 대한 이해를 높이는데 많은 공헌을 하고 있으며, 상대 배우자 역시 1차 기질에 에스형이지만 2차 기질은 상대 배우자의 1차 기질인 동그라미를 가지고 있어서 서로에 대한 이해가 높고 배려심이 강하여 매우 좋은 관계를 형성하는데 도움을 주고 있다.

13. 사례 2(매우 좋은 부부관계)

남 : 30세, 회사원 / MBTI : ISFJ / 동그라미몰입형 / 체질 : 태음인

여 : 28세, 영업직 / MBTI : ENFP / 에스십자형 / 체질 : 소양인

도형상담사례 – 동그라미몰입형

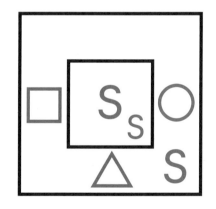

도형상담사례 – 에스형

이해심 많고 자상하며 포용력 있는 남편과 애교 많고 귀엽고 사랑스러운 아내 커플이다. 남편은 좀처럼 부정적인 표현을 하지 않고 갈등을 회피하고자 하므로 모든 것을 참고 이해하고 넘기고자 한다. 하지만 아내는

약간의 우울감과 현재 상황에 대한 불만족스러움을 현명하게 극복해야 할 과제를 가지고 있다. 추구하고자 하는 내면의 가치가 일치함으로 현재는 매우 좋은 부부관계를 형성하고 있으나 아내는 남편에게 지나치게 의존하지 말고 독립적으로 사고하며 자신의 감정과 생각을 충분히 남편에게 알려야 한다. 남편은 꾸준함과 성실, 사전에 계획적인 일을 좋아하므로 아내의 충동적인 성향은 남편을 때로 당혹스럽게 할 수 있다. 정이 많고 타인과의 친밀한 관계를 요구하는 남편의 성향은 깊이 있는 사적인 대화가 많이 필요하다. 아내는 전문가의 도움을 받아 자신의 내면을 들여다보고 과거, 현재, 미래에 대한 성찰과 정리가 필요하다.

14. 사례3(매우 좋은 부부관계)

남 : 30세, 회사원 / MBTI : ESFJ / 세모에스 별형 / 체질 : 소양인
여 : 32세, 주부 / MBTI : ISFJ / 에스세모 / 체질 : 태음인

도형상담사례 – 세모별형

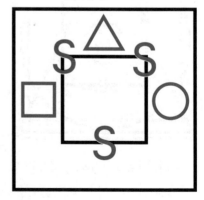

도형상담사례 – 에스형

매우 적극적이고 활발한 남편과 조용하고 차분하며 내향적인 연상의

아내 커플이다. 서로 다른 성향이 뚜렷하지만 조화와 협력을 잘 이루고 있는 것은 연하 남편의 아내에 대한 깊은 사랑도 한몫을 하고 있지만 매우 성숙한 정신적 에너지를 가지고 있다. 부정적인 에너지로 발전했다면 독선적이고 권위적이며 자기주장이 강한 남편의 세모, 담즙질 성향이 아내의 우울기질에 많은 상처를 줄 수 있으나 아내를 깊이 이해하고 배려하려는 노력으로 아내와의 좋은 관계를 이루고 있다. 오히려 연상의 아내는 남편의 이러한 노력에 감사하고 내면에 깊이 숨겨있는 자신의 모습을 드러내도록 노력하며 외부와의 상호작용을 하기 위해 타인에 대한 수용과 이해가 필요하다.

15. 사례 4(갈등관계 커플)

남 : 42세, 회사원 / MBTI : ISFP / 에스동그라미형 / 체질 : 태음소음인
여 : 40세, 교육분야 / MBTI : ISTJ / 동그라미세모형 / 체질 : 소음소양인

도형상담사례 - 에스동그라미형

도형상담사례 - 동그라미세모형

부드럽고 유하며 예술적 자원을 많이 가지고 있는 남편은 자기주장이

약하고 스트레스를 표면적으로 드러내지 못하여 내면에 쌓아두게 된다. 반면, 아내는 자기주장적이며 독립적이고 주도적인 다혈질이다. 부부가 모두 내향적 성향이라 서로 간에 불화를 풀어나가는 방법에 어려움이 있다. 아내는 너무 주도적이지 않도록 자기주장을 조금만 낮추고 아내가 먼저 남편에게 자신의 생각을 잘 정리하여 낮은 음성으로 대화를 시도하고 남편에게 충분히 이야기 할 수 있는 기회를 만들어 주는 것이 필요하다. 그렇지 않으면 남편은 절대로 입을 열지 않을 것이며 내면으로 숨어버리고 회피하는 경향을 보인다. 남편은 아내의 논리적이고 분석적인 성향에 주눅 들어 있어서 아내와 마주 대하기가 어렵게 느껴질 것이나 아내는 충분히 남편을 포용할 준비가 되어 있다. 용기를 내어 아내에게 당신 자신의 감정이나 느끼는 바를 솔직하게 이야기 하도록 노력해보라. 부부가 풀어가기 어렵게 느껴진다면 전문가를 찾아 도움을 구하고 관계를 회복하는 길이 앞으로 남은 결혼생활을 행복하게 만들어가는 현명한 일이 될 것이다.

16. 사례 5(갈등관계 커플)

남 : 42세, 회사원 / MBTI : ISTJ / 동그라미에스형 / 체질 : 소음소양인

여 : 40세, 무직 / MBTI : ESFP / 동그라미세모형 / 체질 : 소양태음인

도형상담사례 – 동그라미에스형

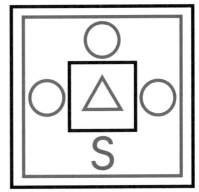

도형상담사례 – 동그라미세모형

　총명하고 분석적이며 매우 꼼꼼하고 신중한 남편과 정이 많고 활동적인 다혈질의 아내 커플이다. 아내의 도형 가운데 작은 네모 안에 에스도형이 이동하면 둘 관계는 좋아질 가능성이 높아진다. 아내가 매우 주도적이고 다혈질적인 성향으로 둘이 팽팽하게 주도권 싸움으로 긴장 관계를 유지하고 있다. 누구도 양보하지 않으려는 성향 때문에 무척 지치고 어려운 관계에 놓여있다. 문제의 핵심은 가정경제, 자금관리 문제에 있으며 부부 공동명의로 자산관리에 대한 조언과 합의를 통하여 문제 해결을 한 경우이다. 서로 다른 성격에 대한 이해를 통하여 자신과 다른 점에 대한 수용과 자신과 같아지기를 요구하기 보다는 다른 점을 이해하는 일에 초점을 맞추어 상담을 진행하여 성공적인 관계 회복을 하게 되었다. 위 사례는 MBTI 유형과 체질의 반대유형에 대한 이해가 상담에 있어서 가장

중점을 두어야 할 사항이다.

17. 사례 6(갈등가족 상담)

남편 : 45세 회사원 / MBTI : INTP / 세모에스 / 체질 : 소양소음인

아내 : 40세, 주부 / MBTI : ESTP / 세모역삼각형 / 체질 : 소음인

자녀 : 18세, 고1 / MBTI : ENTP / 네모에스 / 체질 : 태음소양인

도형상담사례 – 세모에스   도형상담사례 – 세모역삼각형   도형상담사례 – 네모에스

세모형의 남편과 세모에스형의 아내, 그리고 네모형의 자녀이다. 매우 강한 세모형의 남편으로 인하여 아내가 오랜 정신적 스트레스에 시달리며 신체적 질병이 노출된 경우이다. 서로 조금만 노력하면 아주 잘 맞는 커플이 될 수 있는데 오랫동안 서로에 대한 비난과 불신감이 지속되어 관계개선이 쉽지 않으므로 자녀에게까지 영향을 미치고 있다. 자녀는 갈등회피형으로 자신의 감정에 대해 솔직하게 표현하거나 드러내기 어렵다. 고래 전쟁에 새우 등터지는 자녀 모습이 오랫동안 지속되면 정서적 혼란을 겪게 된다. 현재 상태에서 가장 시급한 것은 자녀상담이다. 단기 상담만으로도 자존감을 높이고 미래에 대한 비전과 진로 목표를 설정할 수 있

도록 도와준다면 빠르게 회복가능 할 것이다. 그러나 아내의 도형은 오랫동안 스스로 포기하고 좌절되어 있어서 누구도 자신을 도와줄 수 없다고 여기며 포기하고 지내고 있다. 남편과 함께 부부가 지속적인 상담이 이어진다면 반드시 좋은 가정, 행복한 가정이 될 수 있을 텐데... 아쉽다.

18. 갈등관계 사례 7

남편 : 40세, 회사원 / MBTI : INTJ / 세모에스형 / 체질 : 소음태음인

아내 : 38세, 주부 / MBTI : ESFP / 세모네모형 / 체질 : 소양인

도형상담사례 – 세모동그라미형

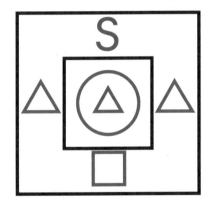

도형상담사례 – 세모네모형

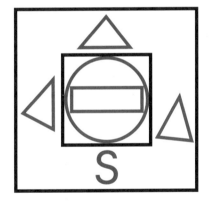

매사에 꼼꼼하고 완벽하며 자기주장이 강하고 고집스럽지만 타인들에 대한 배려심이 높은 남편과 도형으로는 세모도형으로 표현되었지만 동그라미형이면서 여린 감성을 가지고 있는 아내 커플이다. 아내의 입장에서 세모도형이 바르지 못하고 좌절된 경험을 나타내고 있으며 자기주장이 남편에게 수용되지 못함으로 분노심을 드러내고 있다. 내적혼란과 무질서한 정서상태를 가지고 있는데 1차 기질인 동그라미도형을 회복하도

록 도와야 하는데 현재로서는 남편의 워낙 강한 고집과 자기주장으로 인하여 아내의 정서와 자존감을 회복하기가 어려운 상태이다. 남편과 함께 하기 어렵다고 여겨진다면 혼자서라도 내적 치유프로그램에 참여하면서 자신의 감정관리를 먼저 해야만 한다. 이런 상태가 오래도록 지속되면 장기간 스트레스로 인한 심리적, 정신적 문제로 발전할 수 있으므로 우선 먼저 아내의 입장에서 자신의 정신건강을 회복할 수 있는 노력이 반드시 필요하다. 상대방의 성격유형에 대한 객관적인 이해와 부부의 의사소통 개선 프로그램이 시급히 필요한 커플이다.

19. 사례 7. 동일형태 도형 사례

남 : 45세, 회사원 / MBTI : INTP / 세모에스 / 체질 : 소양소음인

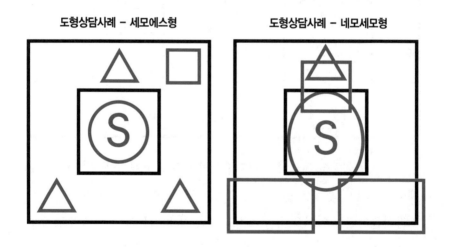

1회 차 상담에서 세모도형을 그렸으나 4회 차에 걸쳐 각각 다른 도형을 그렸다. 2차에 네모를 그렸지만 1차에 그렸던 세모형태를 크게 벗어나지

못하고 있다. 상담자를 시험하기 위해 1회 차 세모, 2회 차 네모, 3회 차 동그라미, 4회 차에 에스를 그렸다. 도형상담을 하다보면 해석을 듣고 난 후 도형이 수정되는 것에 대해 어떻게 해야 하는지에 대해 많은 질문을 받게 되는데 선천적 기질에서 크게 벗어날 수 없으며 심리적 거부감이 없는 상태에서 자연스럽게 내면의 심리 상태를 반영하여 그려진 도형에 대해 있는 그대로 해석해주면 가장 정확하다. 심리적, 정신적, 신체적, 영적, 변화에 따라 도형의 모습이 자연스럽게 이동하거나 변화되는 것을 눈여겨 볼 수 있다. 부정적인 변화인지, 긍정적인 변화인지도 볼 수 있게 된다.

21. 사례 7. 동일형태 도형 사례 2

남성 : 39세, 회사원 / MBTI : ISFJ / 네모에스형 / 체질 : 태음소음인

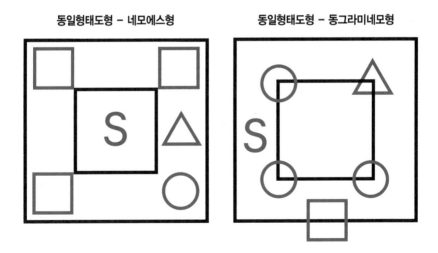

동일형태도형 – 네모에스형   **동일형태도형 – 동그라미네모형**

매우 차분하고 조용하며 꼼꼼한 네모형이다. 2회 차에 걸쳐 전혀 다른 도형을 그렸지만 네모도형의 형태를 크게 벗어나지는 않고 있다. 1차에

그렸던 도형이 2차에 어떻게 변화되고 각 도형의 위치가 어떻게 이동되어 있는지에 관심을 가지고 보아야 한다. 에스도형의 위치와 네모도형의 이동을 주의 깊게 볼 필요가 있다. 에스도형의 가장 큰 관심 영역에서 무관심 영역으로 이동되었으며 네모도형이 스트레스 영역으로 이동되었다. 1차의 동그라미 영역의 스트레스는 2차 역시 동일하게 자신의 계획을 방해하는 요인이 되고 있다. 자신의 목표나 계획은 뚜렷하나 사람이나 조직으로 인하여 좌절되고 있다. 그 문제를 어떻게 대처하고 해결해가야 할지에 대하여 잘 극복하도록 도움이 필요한 도형이다.

참고 : 도형유형별 진로적성 탐색

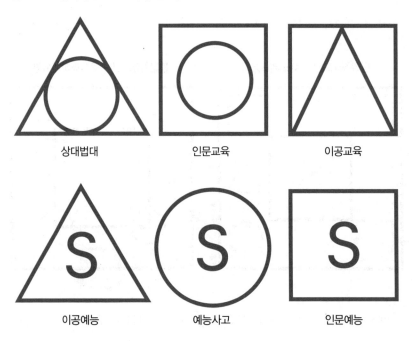

| 상대법대 | 인문교육 | 이공교육 |

| 이공예능 | 예능사고 | 인문예능 |

17. 심리검사의 이해

심리검사는 성격이나 지능, 적성 등과 같은 인간의 다양한 특성들을 파악하기 위해 양적, 질적인 방법을 통하여 측정하고 평가하는 과정을 말하며 심리평가(psychlogical assessment)는 개인의 심리적 특성을 이해하기 위한 전문적인 과정으로서 심리검사를 중심으로 얻어진 정보를 면담, 행동관찰 등 여러 가지 방법에 의해 이루어진다.(Goldstein 등 1990) Allport(1961)는 "인격"(personality)의 총체적인 독특성을 강조하면서 한 개인을 이해하기 위해서는 인간 행동의 생물학적 요인, 개인 심리적 요인, 사회적 요인 등을 종합하면서 개인의 독특한 전체적인 모습을 발달 과정에 따라 현재 상황에서 파악해야 한다고 강조하였다.

심리검사 도구는 크게 객관적 검사(objective test)와 투사적 검사(projective test)로 구분할 수 있다. 객관적 검사(objective test)는 구조화되어 있고 채점 과정이 표준화되어 있으며 해석에 대한 규준이 제시되어 있다. 각 개인의 개별화된 특성을 끌어내기 보다는 공통적인 특성을 비교 평가하는 것으로서 검사 실시가 용이하고 해석이 간편하며 신뢰도 및 타당도가 검증되어 있다.

대표적인 객관적 검사를 보면 지능검사 WISC, WAIS, WPPSI, 성격검사로는 MMPI, MBTI, 흥미검사로는 직업흥미검사, 학습흥미검사, 적성검사 등을 들 수 있다.

반면에 투사적 검사(projective test)는 비구조화된 검사를 통하여 개인의 독특성, 개별성을 최대한 이끌어 낼 수 있으며 피검자의 방어기제를 최대한 억제할 수 있고 평소에 드러나지 않던 전의식, 무의식의 심리적 특성이 반영될 수 있기 때문에 개인의 욕구나 갈등 상황, 성격 특성 등을 파악할 수 있다는 장점을 가지고 있다. 또한 투사적 검사에서는 양적인 정보 수집보다는 개인 고유의 독특성에 대한 정보를 중요하게 다루는 질적인 측면에 초점을 맞추어 해석하게 된다. 그러다보니 검사 자극이 모호하고 해석하는 과정에 주관적 평가에 의한 해석을 근거로 삼기 때문에 검사자에 대하여 자칫 점장이 같은 모습으로 비춰질 우려가 있음을 유의해야한다.

대표적인 투사적 검사에는 Rorschach 검사, TAT, CAT, DAT, HTP, BGT, SCT 등이 있다. 본서에서 필자가 다루고 있는 도형심리검사 역시 투사적 검사에 해당된다. 피검자의 초기 상태와 변화된 현재 상태를 평가 분석하고 진단 결과에 대한 통찰적 이해를 통하여 통합적인 해석의 틀을 제공할 수 있다.

도형심리 상담에 대한 이해와 효과를 높이기 위해서는 다양한 심리검사도구에 대한 이해를 필요로 하기 때문에 본서에서 간략하게 각 심리검사도구의 특성에 대해 정리해보았다.

MMPI

대표적인 자기보고식 객관적 검사로서 검사 실시가 용이하고 객관적 규준에 의한 간편한 해석방식 등이 장점이다. 정신과적 진단을 목적으로 개발되었으나 현재는 임상집단과 정상인에 대한 성격 경향성을 평가하는데 널리 사용되고 있다. 550개의 문항으로 구성되어 있으며 각 문항에 대해 "그렇다"와 "아니다"로 구성되어 있는 질문지형 검사이며 총 14개의 척도로 구성되어 있다.

MBTI : 엠비티아이

MBTI는 C. G. Jung의 심리유형론을 근거로 하여 Katharine Cook Briggs와 Isabel Briggs Myers가 보다 쉽고 일상생활에 유용하게 활용할 수 있도록 고안한 자기보고식 성격유형지표이다. Carl Gustav. Jung (1875~1961)은 각 개인마다 다르게 표현되는 세 쌍의 작용들에 대하여 이야기하고 있는데 '외향-내향, 지각-직관, 사고-감각'이 있다는 전제에서 출발한다. 미국의 이사벨 브리그스 마이어스(Isabel Briggs Myers)는 한 쌍의 작용을 더하여('판단-지각' : 빠르고 정확한 판단과 결정을 내리는 성향-많은 영향과 정보의 종류에 대한 수용성) 마이어스-브리그스(Myers Briggs) 열 여섯 개의 유형들을 구분하는 성격지표를 발전시키게 되었다. 융의 심리유형론은 인간 행동이 그 다양성으로 인하여 종잡을 수 없는 것 같이 보이지만 사실은 아주 질서정연하고 일관된 경향이 있다는데서 출발하였다.

그리고 인간 행동의 다양성은 개인이 인식(Perception)하고 판단 (Judgement)하는 특징이 다르기 때문이라고 보았다. MBTI는 인식과 판단에 대한 융의 심리적 기능이론, 그리고 인식과 판단의 향방을 결정짓는 융의 태도 이론을 바탕으로 하여 제작되었다. 또한 개인이 쉽게 응답할 수 있는 자기 보고(self report) 문항을 통해 인식하고 판단할 때의 각자 선호하는 경향을 찾고, 이러한 선호 경향들이 하나하나 또는 여러 개가 합쳐져서 인간의 행동에 어떠한 영향을 미치는가를 파악하여 실생활에 응용할 수 있도록 제작된 심리검사이다.

MBTI의 활용분야는 일상생활 및 개인상담에서 자기이해, 자기 개발과 대인관계에서 가족이해와 친구, 동료에 대한 이해를 높이고 관계를 개선하는데 활용될 수 있으며 진로 및 직업을 선택하기에 앞서 개인의 특성을 반영한 진로 결정에 도움을 줄 수 있고, 학교 및 교육분야에서 교육과정이나 교육방법, 학습방법을 개발할 때에도 유용하게 사용될 수 있다. 경영분야에서 조직관리나 인사배치, 직무적성 탐색 등에 사용될 수 있으며 조직 내 갈등관리, 의사소통 기술, 조직개발, 팀빌딩, 리더십 훈련 등에도 매우 유익하게 활용되고 있다.

아래 각 문항에 대하여 자신에게 보다 더 가깝다고 생각되는 것을 합계하여 아래 공란에 숫자를 기입하고 큰 숫자의 영문을 조합하면 자신의 4가지 선호유형으로 간주해볼 수 있다.

네 가지 조합의 알파벳 첫 글자를 다음의 단어들을 약자로 표현한 것이다.

I : 내향(Introversion)　　E : 외향(Extraversion)

S : 감각(Sensing)　　N : 직관(Intuition)

T : 사고(Thinking)　　F : 감정(Feeling)

J : 판단(Judging)　　P : 인식(Perception)

즉 E 와 I / S 와 N / T 와 F / P 와 J 에 해당하는 94개 문항에 체크하여 큰 숫자를 한 개씩 각각 선택하여 조합하면 자신의 유형이 나오게 된다. 자신에게 해당되는 란에 큰 숫자의 알파벳을 기입하여 네 가지 알파벳을 조합하면 다음과 같이 16가지 유형으로 분류해 볼 수 있으며 각 유형은 ISTJ, ISTP, ISFJ, ISFP, INTJ, INTP, INFJ, INFP, ESTJ, ESTP, ESFJ, ESFP, ENTJ, ENTP, ENFJ, ENFP 등으로 나타난다.

DiSC : 디스크 행동유형검사

네 가지 DiSC 행동경향에 대한 이론적 배경을 제시한 사람은 심리학자 윌리암 M. 마스톤(William Mouston Marston)박사이다. 네 가지 유형론은 고대 희랍의 물리학자이자 철학자인 히포크라테스(사망 BC 377년)까지 거슬러 올라가는데 히포크라테스는 4가지 기질론-다혈질, 점액질, 담즙질, 흑담즙질-을 주장했다. DiSC 행동모델은 말 그대로 외부세계로 표출되는 관찰 가능한 행동패턴에 집중하고 있으며, 그 점에서 다른 유형론과 차별화된다. 표면적인 행동패턴은 쉽게 노출되어 있기 때문에 이를 손쉽게 이해하고 활용할 수 있다는 측면에서 이 모델의 실용적 가치가 돋보인다. Extended DISC system은 1920년대에 발전된 심리학 이론에 기반을 두고 있다. DISC의 기본 틀은 1940년대 말에서 1950년대 초에 개발되었다. 네 개의 기본적인 행동유형을 구분하고 서로 독립적으로 또는 서로 의존적으로 유형규정을 하기 위하여 회귀분석이 활용되었다. 이것은 또한 수백만 가지의 인간반응 방식을 보다 적은 수의 유형으로 전환시키는 것을 가능하게 해주었는데 DISC-프로파일은 환경 자극에 대한 개인의 반응 유형을 기술하고 분석하는데 무척 유용하다는 사실이 입증되었다.

Extended DISC 이론은 인간을 좋고 나쁨으로 구분하지 않으며, 작업환경이나 그 밖의 다른 상황에서 인간의 잠재성을 개발하는 것에 제한을 가하지도 않는다. DISC 이론은 서로 다른 상황에서 인간의 자연스러운 행동 유형을 설명해 준다.

이로써 자기 자신 뿐만 아니라 타인의 행동을 보다 더 이해하고 자신의 행동을 상황에 맞게 조정할 수 있도록 도와준다. 업무관리 부분에 있어서도 업무수행의 효율성을 파악하고 대응전략을 개발할 수 있도록 도우며 팀티칭에 있어서 상사와 부하 직원간 역할행동을 파악하고 업무 유형별 계획을 세울 수 있다. 또한 의사소통 과정에서의 불필요한 갈등을 피할 수 있게 도와주는 유용한 도구로 널리 활용되고 있다. 사람들 간의 차이에 대한 발견을 통해 그 가치를 인정하고 존중한다.

Marston 박사에 의하면 인간은 환경을 어떻게 인식하고 또한 그 환경 속에서 자기 개인의 힘을 어떻게 인식하느냐에 따라 4가지 형태로 행동을 하게 된다고 한다. Marston 박사는 각각 주도형, 사교형, 안정형, 신중형, 즉 DiSC 행동유형으로 부르고 있다. DiSC는 인간의 행동유형(성격)을 구성하는 핵심 4개 요소인 Dominance(주도형), Influence(사교형), Steadiness(안정형), Conscientiousness(신중형)의 약자이다.

Rorschach 검사 : 로샤검사

Rorschach(이하 '로샤'로 칭함) 검사는 가장 널리 사용되는 대표적인 투사적 검사라 할 수 있다. Rorschach는 1911년 Munstelingen 병원 정신과에서 수련 중 Blotto 놀이에서 정상인과 정신과 환자들의 반응 양상에 차이가 있다는 흥미로운 사실을 발견하고 1917년에서 1918녀 사이에 본격적인 연구를 하게 되었다. 잉크 반점을 이용하여 개인의 반응을 보는 검사로서 개인의 기질뿐만 아니라 성격의 인지, 정서, 습관, 반응양식, 원초적 욕구나 환상, 자기상, 대인관계에 이르기까지 다각적인 정보를 얻을 수 있다는 강점을 가지고 있다. Exner에 의한 종합 체계에 바탕을 두고 표준화된 절차에 따라 풍부한 임상사례를 통한 지식에 바탕을 두고 해석을 해야 할 필요가 있다.

TAT : 주제통각검사

TAT(Thematic Apperception Test, 주제통각검사)는 Rorschach(로샤)검사와 함께 전세계적으로 널리 사용되고 있는 대표적 투사검사이다. 백지 카드를 포함하여 총 31장으로 구성되어 있으며 모든 피검자에게 10장의 카드를 실시하고 피검자의 연령과 성에 따라 10장의 카드를 선정한다. 로샤검사가 가지고 있는 잉크 반점이라는 추상적인 자극만을 제시하고 있는 것과는 달리 TAT는 사람이 등장하는 그림자극을 이용하여 이야기를 구성해 나가는 방식으로 이 과정에서 개인의 과거 경험이나 욕구, 갈등 등이 투사되어 성격의 발달적인 면, 환경과의 상호작용 방식이나 대인관계상의 역동적 측면을 파악하는데 유용한 특징을 가지고 있다. '주제' 라는 용어는 "실생활에서 생긴 일같이"라는 의미가 포함되어 있으며, 개인의 내적욕구(need)와 환경적 압력(pressure)의 결합이고 '실생활에서 생기는 일에 대한 역동적 구조' 라고 할 수 있다. '통각' 은 개인의 선행경험에 의해 지각이 왜곡되거나 공상적 체험이 혼합되는 과정이라고 보았다. 즉 피검자가 지각하게 되는 내용에는 카드의 자극조건에 의하여 단순히 지각하는 데 그치는 것이 아니라 지각자의 주관적인 해석과 상상을 포함하여 개인의 체험된 경험이 동시에 나타난다는 것이다.

SCT : 문장완성검사

　문장완성검사(Sentence Completion test SCT)는 단어연상 검사의 변형으로 다수의 문장을 자기 생각대로 완성하도록 하는 자유연상을 이용한 투사적 검사도구이다. 문장완성 검사를 통하여 의식, 전의식, 무의식의 생각과 감정을 과장됨이 없이 솔직하게 드러내게 되며 가족영역과 대인관계영역, 성적영역, 자기개념영역으로 구성되어 있다. Tendler(1930)는 성격영역에서 사고반응과 정서반응을 구별하여 진단하였으며, Rohde(1946)는 내담자의 욕구나 내적갈등 상황, 감정이나 태도, 적응상의 어려움 등을 파악하는데 있어 매우 유용하며 직접적인 대화에서 표현하기 꺼려지는 반응영역에서 방어적인 피검자의 심리적 편안함을 유도하여 잠재된 욕구나 감정상태, 태도, 특정 대상과의 관계, 영역에 대해 의식하지 않고 대답할 수 있는 자유로움이 강점이라고 하였다.

HTP: 집, 나무, 사람

　집, 나무, 사람 그림을 통하여 성격을 진단하는 투사적 검사이며 심리치료의 보조수단으로 사용되고 있다. 'Draw a Person' (DAP) 검사가 개발되고 이후에 'House(집) Tree' (나무)가 부가되어 현재의 HTP(house, tree, person) 검사가 탄생되었다. 성격검사 도구로서 인물화 검사는 지능검사의 부산물로 탄생되었다. 인물화 그림은 신체적 자아(body image)뿐만 아니라 심리적 자아(self-concept)의 모습을 그림 속에 투사하여 자기상을 나타내는 경우가 많고 상황에 따른 태도나 정서가 나타나기도 한다.

검사자가 사람을 그려보라고 요청했을 경우 심리적인 불안을 느끼고 방어하게 되므로 집이나 나무를 그리게 하여 중립적인 자극을 줌으로써 위협감에서 벗어날 수 있으며, 집이나 나무 그림을 통해서도 생활가운데 가족 간의 관계에 대한 갈등정도와 외부환경과의 상호작용 정도를 알아보는데 유용하다.

나무 그림은 자기 자신에 대한 무의식적이고 원시적인 자아개념을 투사한다. 나무 그림을 통하여 피검자의 성격 구조의 위계적 갈등이나 방어, 정신적인 성숙도, 환경과의 상호작용 정도를 관찰할 수 있다.

BGT : 벤더 게스탈트 검사

BGT(Bender-Gestalt Test) 검사는 기하학적인 도형이 그려져 있는 9개의 카드를 피검자에게 보여주면서 종이 위에 그리도록 한 다음 변형된 추가 단계를 실시한 후 피검자의 인지, 정서, 성격 같은 심리적 특성을 분석하는 검사이다. BGT는 1940년대 Hutt에 의하여 BGT 검사가 비언어적인 검사가 될 수 있음을 강조하면서 정신 역동적 관점이 대두되기 시작하였고 지각 및 시각-운동기능에 대한 검사로서 형태심리학과 역동심리학 이론에 근거를 두고 개인의 심리적 과정을 분석하고 있다.

Bender가 사용했던 원래의 BGT 도형에 선의 길이나 각도 및 크기의 불규칙성을 제거시킨 후 새롭게 개발된 도형을 적용시켜 검사를 실시하였는데 이를 HABGT(Hutt Adaptation of the Bender-Gestalt Test)라 한다. HABGT에서 평가되는 항목 등을 객관적으로 분석하여 각 항목을 수치화하여 규준에 따라 양적인 면을 해석하였다.

(1) 배열순서(sequence)

피검자가 도형을 그릴 때 배열 순서를 관찰하거나 피검자에게 도형을 그리면서 번호를 써 넣도록 한다. 일반적으로 왼쪽에서 오른쪽으로, 위에서 아래로 배열하게 되는데 반대로 배열할 경우 일탈의 정도를 가늠해 볼 수 있으며 피검자의 계획성을 관찰해 볼 수 있다.

(2) 도형의 위치(position of the frist drawing)

도형을 어디에 그리느냐에 대하여 평가한다. 용지의 왼쪽이나 오른쪽 아래 모서리에 위치해 있으면 심리적 스트레스, 강박증, 열등감에 대한 탐색이 필요하다. Hutt는 소심하거나 겁이 많은 사람은 극단적으로 왼쪽 위 모서리에 배치하거나 도형을 전체적으로 작게 그리는 경향이 있다고 하였으며, 자기중심적이며 자기주장이 강한 사람은 도형의 크기가 크고 중앙에 위치한다고 보았다.

(3) 그림의 크기

도형의 크기가 전체적으로 매우 크면 독단적이고 자기중심적이며 자기주장이 강하고, 도형의 크기가 매우 작을 경우 소극적 성향으로 불안이나 두려움 등을 반영한다고 볼 수 있다. 도형의 크기가 점점 크거나 점점 작을 경우 자기 통제가 빈약하거나 좌절 경험으로 인하여 외부의 도움을 요청하는 표현으로 해석할 수 있다.

(4) 그림의 모양

도형의 모양을 완성시키는데 어려움이 발생하거나 양쪽 끝 마무리가 덜 되어 있는 경우 정서 문제를 반영할 수 있다. 도형의 특징에 따라 동그라미도형이 덜 닫혀 있으면 대인관계의 문제를 살펴보고 세모도형은 리더십이나 자신감의 문제를, 네모도형은 자금관리와 학습 및 학업문제, 직장이나 공동체 문제, 에스도형의 모양에 따라 일, 건강, 이성, 그리고 영성과 관련된 문제들을 살펴볼 수 있다.

18. 도형교육 집단 프로그램
진행 사례

기업교육이나 대학생 진로교육에 도형을 활용한 팀활성화, 팀빌딩 교육을 진행하는 모습이다. Work-shop을 통해 자신과 타인에 대한 이해를 높이고 함께 동반 상생하므로 조화와 협력을 이룰 수 있도록 프로그램 내용을 구성하여 교육적 효과를 높일 수 있었다. 국내 최초로 기업교육이나 대학생 진로교육, 군부대교육에 활용한 사례이다.

도형심리를 활용한 팀빌딩 프로그램
Psychology - Geometrics System Team-building Program

Module	세부내용	교육방법	시간
1. 자기인식	Opening & Ice breaking 도형심리 검사 (TNT GPA) 도형심리이해	벽허물기 게임 진단	1H
2. 자기분석	도형심리진단 결과해석 동그라미, 세모, 네모, 에스형 자신과 동료의 도형심리 특성 이해하기	강의 결과해석	2H
3. 더불어 '함께'	타인이해, 타인수용 도형심리유형별 팀 활동 주제토론 조별결과발표	팀 활동 주제토론 팀 발표	1H

Module	세부내용	교육방법	시간
4. '소통' 하기	도형심리와 의사소통 방식 이해하기 의사소통 유형진단 4가지 의사소통 방식 이해하기	강의 진단 실습	2H
5. '화합' 비전세우기	'화합' 우리의 비전을 찾아서 팀 게임, 집단역동성 이해 '나'의 욕구와 조직에서의 역할은? 동료 및 부하 직원의 욕구 알아차리기 타인 수용과 커뮤니케이션 스킬강화	팀 활동 게임	2H

참고문헌

- 오미라, 도형심리로 나를 읽는 기술 타인을 아는 지혜, 높은오름, 2010.
- 정문자, '사티어 경험적 가족치료'
- 최영실, 융의 심리유형론의 관점에서 본 사티어 의사소통 유형 이론의 재고찰, 2005.
- 박은초, 사티어의 성장의사소통 이론과 그 적용에 관한 연구, 2005.
- 원은정, 고혜원, 손희정, 상담심리, 에릭슨과 호나이, 학술마당
- 조금희, 부부관계개선을 위한 의사소통 프로그램, 명지대학교 사회복지대학원석사논문, 2004.
- 서춘숙, 동서심리상담연구소, 건강한 부모훈련 워크숍, 2009.
- 홍경자, 자기주장과 멋진 대화, 학지사
- 정창환, 얼굴여행, 오두막, 2006.
- 팀 라헤이 지음, 홍종락 옮김, 성령과 기질, 생명의 말씀사, 2004.
- 최정윤, 심리검사의 이해, 학지사
- 김계현 외, 상담과 심리검사, 학지사
- 노안영, 강영신, 성격심리학, 학지사
- 이훈구 외 3인, 정서심리학, 법문사
- 최외선 외, 마음을 나누는 미술치료, 학지사

- 안태성, 관상, 체질로 보는 얼굴이야기, 형설
- 이순만, 2004.
- 반태섭, 한국치유문화원, 기질과정
- 하워드 선 도로시 지음, 나선숙 옮김, 내 삶에 색을 입히자, 예경
- 수잔 델린져, Public Relations Society of America International Conference 2006.

여러분 자신이 누구인지, 무엇을 잘 할 수 있는지, 무엇을 좋아하는지, 어떤 일에 적합한지, 어떤 사람을 만나면 행복하고 편안한데 어떤 사람을 만나면 괜히 불편하고 어렵게 느껴지는지, 자신의 강점과 약점은 무엇인지, 어떻게 보완해야 하는지 알 수 있는 마음여행이 되셨나요! 쉽고 간단하게 찾아가는 마음여행길을 준비하면서 오랫동안 고민해왔습니다. 마음여행의 안내자가 되어 여러분 자신의 행복한 모습을 찾아내고 참된 자신의 모습으로 살아가는데 조금이나마 도움이 되었기를 기대합니다.

국내 최초로 도형심리 도서를 두 번째 출간하면서 도형심리에 대한 연구자료의 부족으로 어려움이 많았습니다. 이론적 근거의 불충분함, 해석의 모호함, 도형심리에 대한 부족한 인식 가운데에서도 꾸준한 관심과 애정을 가지고 있는 상담과 교육현장에 계시는 분들의 요구에 의해 앞으로도 지속적인 연구와 검증 절차가 필요하다고 여겨집니다. 물론 이번에 출간하게 된 본 도서에서는 먼저 출간된 《도형심리로 나를 읽는 기술 타인을 아는 지혜》의 일부분이 중복되는 점이 있으나 도형심리만을 따로 묶어 출간했으면 좋겠다는 독자들의 요구가 있어 조금 더 수정 보완하여 출간하게 되었습니다.

본서가 출간되도록 곁에서 지켜보며 간절한 마음으로 딸을 위해 늘 기도하시며 힘이 되고 격려해 주시는 어머니께 감사드리며 존경과 사랑의 마음을 전합니다. 늘 곁에서 엄마의 친구 같은 두 딸 지원, 예원에게도 더

불어 사랑의 마음을 전하며

　부족한 원고를 소중히 보시고 출간할 수 있도록 도움을 주신 높은오름 김복순사장님과 직원들께 진심으로 감사드립니다. 아울러 편집과 수정을 꼼꼼이 챙겨준 고마운 후배 이경희선생, 나의 사랑하는 딸 지원에게 감사함을 전하며 늘 위로와 격려의 메시지를 보내며 힘을 잃지 않도록 지원해주시는 (주)TNT인재개발원 파트너 여러분 모두에게 감사드립니다. 도형심리에 대한 관심과 애정을 가지고 상담과 코칭, 교육현장에서 수고하시는 많은 분들께 감사드리며 (주)TNT인재개발원 홈페이지 (http://www.tnthrd.com) (http://www.도형나라.com)를 통하여 독자여러분들을 다시 만날 수 있기를 기대합니다.

2013년 가을 강변에서 오 미 라 배상

도형심리로 '통' 하는 관계심리학

초 판 1쇄 발행 | 2010년 9월 1일
개정판 1쇄 발행 | 2013년 12월 30일
지 은 이 | 오미라
발 행 인 | 김복순
편집디자인 | 서용석
펴 낸 곳 | 도서출판 높은오름
주　　소 | 서울 성동구 성수이로 7길 7, 512호 (성수동 2가, 서울숲 한라시그마밸리 2차)
전　　화 | (02) 497-1322~4
홈 페 이 지 | www.kidari.co.kr

값 13,000원
ISBN 978-89-86228-65-6 03180